国防特色教材·职业教育

核工业企业文化与职业教育

麻书琴　徐汉南　主编

哈尔滨工程大学出版社

北京航空航天大学出版社　北京理工大学出版社
哈尔滨工业大学出版社　西北工业大学出版社

内容简介

本教材为国防科技工业"十一五"规划教材。共8章,内容主要包括核工业概况、现代核工业企业制度、核工业企业精神文化、核工业企业安全文化、核工业企业环境管理、核工业企业知识产权与保密制度、核工业企业员工职业道德等内容。

本教材突出核工业企业特色,并结合核工业职业教育及人才培养的要求,通过核工业企业文化的教育,使学生或核工业企业在岗职工较全面地了解核工业的发展历史、核工业企业文化的形成和发展,深刻理解核工业企业精神,提高职业道德素质,激发对核工业事业的热爱和献身核工业事业的热情和决心。

本教材适用于高职院校学生和核工业在职职工的培训教学之用,也可以作为相关人员阅读参考。

图书在版编目(CIP)数据

核工业企业文化与职业教育/麻书琴,徐汉南主编.—哈尔滨:哈尔滨工程大学出版社,2009.9

ISBN 978-7-81133-509-5

Ⅰ.核… Ⅱ.①麻…②徐… Ⅲ.原子工业-工业企业管理-高等学校-教材 Ⅳ.F407.23

中国版本图书馆CIP数据核字(2009)第131694号

核工业企业文化与职业教育

麻书琴 徐汉南 主编

责任编辑 刘凯元

*

哈尔滨工程大学出版社出版发行

哈尔滨市南岗区东大直街124号 发行部电话:0451-82519328 传真:0451-82519699

http://press.hrbeu.edu.cn E-mail:heupress@hrbeu.edu.cn

黑龙江省教育厅印刷厂印装 各地书店经销

*

开本:787×960 1/16 印张:10.75 字数:225千字

2009年9月第1版 2009年9月第1次印刷 印数:1000册

ISBN 978-7-81133-509-5 定价:24.00元

前　言

随着“文化管理”日益得到重视，人们越来越清醒地认识到，优秀的企业文化将是一个企业成功的关键。从内涵上讲，企业文化所强调的核心是“人”，企业文化就是一种以人为主体，以企业管理整体最优化为目的的管理学说。

中国核工业在50多年艰苦而辉煌的发展历程中，创造了许多宝贵的精神财富，形成了富有时代特色的核工业文化。为了适应新形势下市场经济的客观要求，发扬核工业的优良传统，传承优秀的企业文化，核工业企业更应该完善企业文化建设体系，以确保在市场竞争中的优势地位，为企业可持续发展提供强大动力。因此在国防工业高职高专教育中进行企业文化教育尤显突出和重要。

本书根据国防科工委《国防科工委关于加强军工文化建设的意见》的精神，并结合核工业发展的历史、行业特点，重点介绍了核安全文化、知识产权、保密制度、职工职业道德等知识内容，旨在让读者较全面地了解核工业企业文化的形成发展，认识核工业企业文化的内涵。

本书由麻书琴副教授主编，全书共8章。在编写过程中，得到了甘肃工业职业技术学院曹爱明院长的大力支持。本书麻书琴编写了第1章、第3章到第7章，徐汉南编写了第2章、第8章。

尽管力图把核工业企业文化能全面地介绍给读者，但资料搜集有限，加之作者水平有限，编写时间仓促，书中疏忽不当之处在所难免，恳请读者批评指正。

编　者

2009年5月

目　录

第 1 章　核工业概况

1.1　核工业发展简史

核工业是一门学科门类多、开拓领域广、技术密集程度高的综合性新兴工业。它涉及到地质勘探、采矿、冶金、化工、电力、机械制造、建筑、电机和精密仪表等工业部门和物理、化学、电子学、半导体、计算技术、自动控制、材料学、传热学、医学和生物学等学科领域。它是从事核燃料研究、生产、加工、核能开发、利用、核武器研制、生产的军民结合型工业。其主要产品包括核原料、核燃料、核动力装置、核武器(包括原子弹、氢弹和中子弹)、核电力和放射性同位素等。

核工业在国防中具有重要的地位和作用。核武器比常规武器有更大的杀伤力和破坏力,能在战争中起到一般武器所不能起到的作用,且造成放射性污染,对生态环境有长期、严重的后果,所以,核武器已成为某些国家现代军事战略的基础。同时,在国民经济发展中,核工业也具有极为重要的地位和作用。一个国家的核工业发展水平,能集中地反映出这个国家的整个工业基础和科学技术水平。

核工业是在第二次世界大战期间发展起来的。建立核工业的规律是:首先生产核武器燃料,如原子弹的装料铀 - 235、钚 - 239 和氢弹的装料氘、氚、锂 - 6 等,然后研制核武器,再逐步过渡到发展核动力向充分利用核能的方向发展。核工业体系主要包括核燃料的生产与加工(如天然铀、浓缩铀和钍燃料等)及氘、氚、锂 - 6 热核材料的生产与加工;研究试验堆、生产堆及动力堆的建造;辐照燃料的后处理(钚 - 239 及裂变产物、超铀元素的提取);以及核武器的研究与制造等。国防核工业建设相继发展起来。

中国的核工业是在中国共产党正确决策和领导下创建并发展起来的。从 1955 年 1 月 15 日毛泽东同志在主持召开的中共中央书记处扩大会议上,作出发展原子能事业的战略决策算起,中国核工业已经走过了 50 多年的光辉历程。50 多年来,中国核工业经过两次艰苦创业,成功研制了原子弹、氢弹、核潜艇,改写了我国没有核电的历史,建立了完整的核工业科技体系,发展了核电、核燃料、核技术应用三大产业,为国防建设和国民经济作出了重大贡献。

1950 年中国科学院近代物理研究所成立,并开始从事核科学技术研究工作。1954 ~ 1955 年中国在原有地质工作和科学研究的基础上,先后开始建立铀矿地质普查勘探机构和筹建综合性原子能科学研究基地,1957 年开始踏勘选择核工厂厂址,1958 年开始建立核武器研究机构,并开始大规模工业建设。1954 年,我国地质工作者在综合找矿中,在广西发现了铀矿资源。毛泽东在听取地质部门汇报后指出,我们有丰富的矿产资源,我们国家也要发展原子能。

1955 年 7 月,国务院决定,在国家建设委员会设立建筑技术局,负责前苏联援助的实验性重水反应堆和回旋加速器的筹建工作。1956 年 11 月 16 日，国家建立了第三机械工业部(1958 年改为第二机械工业部，1982 年改为核工业部)，在前苏联援助下建设核工业。1958 年，我国第一座重水型实验用反应堆和回旋加速器建成并投入运行。1960 年，苏联政府单方面撕毁协定，并于第二年撤走在核工业系统工作的 233 名专家，并带走了重要的图纸资料。然而，我国核科技研究和核工业建设并未就此止步，在党中央的领导下，自力更生，奋发图强，继续发展。1962 年 11 月成立以周恩来为首的中央 15 人专门委员会，直接领导研制生产原子弹的工作。1964 年 10 月 16 日，我国成功地爆炸了第一颗原子弹；1967 年 6 月 17 日，又成功地进行了第一颗氢弹爆炸试验；1971 年 9 月，第一艘核潜艇试航成功，证明核动力装置性能良好。与此同时，我国还建成了一个门类齐全，专业配套的核燃料循环工业体系，其中包括铀矿勘查和开采，铀的提取、转化、浓缩，元件制造，后处理，铀冶金和核部件加工，热核材料生产，以及从科研设计到专用设备仪器制造、建筑安装施工、安全防护和三废处理等技术开发、后援和工业辅助、保障系统。

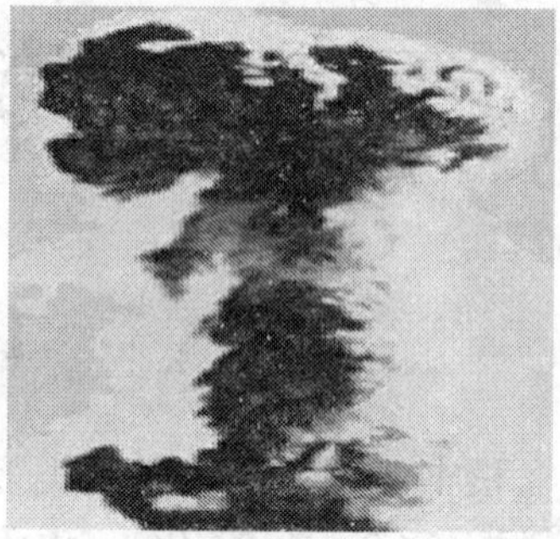

图 1.1　1964 年 10 月 16 日我国第一颗原子弹爆炸试验成功

“两弹一艇”的研制成功和核科技工业体系的建立，标志着我国已经掌握了核燃料生产技术和核武器、核动力装置研制技术，并具备了进一步发展的物质技术基础。与先期发展核技术的几个发达国家相比，我国起点高，速度快，花钱少，因而在世界上引起了强烈的震动和广泛地关注，并由此对中国刮目相看。

在实施过程中，党的集中统一领导，全国各地方、各部门的大力协同；核工业战线全体职工发愤图强，艰苦奋斗；专家、技术人员和广大干部群众的爱国热忱和无私奉献，起了决定性作用。如果没有这些，我国核事业难以成功。史实雄辩地证明，解放了的新中国具有旺盛的生命力，社会主义制度的优越性在于能够集中力量办大事，在中国共产党的正确领导下，任何人间奇迹都可以创造出来！

中国核事业的成功，产生了巨大而深远的影响。诚如邓小平同志所指出的：“如果 60 年代以来中国没有原子弹、氢弹，没有发射卫星，中国就不能叫有重要影响的大国，就没有现在这样的国际地位。”然而，中国不同超级大国搞核军备竞赛，也从来不拿手中的核武器耀武扬威。相反，中国发展核武器完全是为了自卫，中国进行核试验是十分克制的，至今仅有 41

图 1.2　1967 年 6 月 17 日我国第一颗氢弹爆炸试验成功

次,不及美国的二十五分之一和前苏联的十五分之一。中国一贯主张全面禁止和彻底销毁核武器。早在中国第一颗原子弹爆炸成功之时,中国政府就郑重地向全世界明确宣布,中国在任何时候、任何情况下,都不会首先使用核武器,以后又多次反复表明中国坚持这个原则立场和国际承诺。中国政府的声明是深得人心的,因而受到世界各国人民的理解和支持。

“两弹一星”使中国一夜之间成为核大国,但中国却“有核无能”。1978 年 12 月,党的十一届三中全会以后,在邓小平同志建设有中国特色的社会主义理论的指导下,中国实行了改革开放政策。随着国家工作重点向经济建设的转移,我国核工业建设也进行了重大的调整,由临战状态转为和平时期的建设,从过去主要为军用服务,改为军民结合,保军转民,重点为国民经济和人民生活服务。中国核工业开始了一个历史性的重要转变——“军转民”,独立自主、自力更生建造自己的核电站。

图 1.3　1971 年 9 月我国自行研制的核潜艇下水

核电作为一种新能源,在世界许多国家已得到普遍采用,并成为一些发达国家的重要能源。大力发展核电事业,是和平利用核能的主要途径和内容,也是中国核工业新发展的主攻方向和战略目标。我国自行设计建造的第一座 30 万千瓦秦山核电站是我国核工业继核武器、潜艇核动力装置研制成功后的又一历史性重大突破。从军用生产堆到核电站动力堆是一个飞跃,为实现这个飞跃,核工业人进行了十余年的拼搏,历尽艰辛,攻克了一个又一个技术难关,形成了“以我为主,中外合作”的设计和建设模式,既充分发挥我国核工业基础和核科技队伍的作用,又充分利用了改革开放的条件,积极争取国外协作,使自力更生和技术引进相结合。秦山核电站于 1991 年 12 月并网发电,从 1993 年至 1997 年底,5 年平均负荷因子 77%,国产首座核电站能有这样的运行业绩在世界上也是不多的。秦山核电站是我国核工业第二次创业的里程碑。国务院领导称之“国之光荣”,“中国核电从这里起步”。

秦山核电站是十一届三中全会结出的丰硕成果。在祖国南疆,大亚湾核电站的胜利建成,则是改革开放春风化雨培育出的绚丽之花。大亚湾核电站是全套引进的两台百万千瓦级大型核电站机组。在邓小平等党和国家领导人的关心下,1985 年签署合同,1987 年开工建设,1994 年投入商业运行。投产后,显示了较高的管理水平和良好的运行业绩。在 WANO(世界核电厂营运者联合会)指标体系中,现在大亚湾核电站已有 6 项指标达到国际先进水平,3 项指标达到国际中等水平。大亚湾核电站出口创汇历年均保持在 4 亿美元以上,截至 1998 年 10 月底,已偿还基建贷款本息28亿多美元,超过总额的50%。大亚湾核电站不仅取得了很好的经济效益,还通过引进,学习了国外大型核电站的建造、管理技术和运行经验,开创了我国利用外资建设大型基础工程项目的新路。

秦山和大亚湾两座核电站的年发电量相当于1952年全国总发电量的三倍,有效地缓解了广东、浙江等东南沿海地区电力紧张的局面,显示了发展核电的巨大作用。这两座核电站的相继建成,以及以秦山作原型为巴基斯坦建造30万千瓦核电站工程的顺利进行,表明中国有能力自行设计、建造、运行管理和引进、出口核电站。目前,继秦山一期、广东大亚湾、秦山二期、秦山三期等核电站建成之后,田湾核电站一期1、2号机组于2007年正式并网发电,所有这些核电站总装机量为870万千瓦,约占中国总发电量的2%。辽宁红沿河、山东海阳、福建宁德、浙江三门、广东阳江等核电站相继建成,海南、江西、湖南等省也都在积极筹划建设。根据规划,到2020年,我国核电的总装机容量将达到4000万千瓦,占全国电力总装机容量的4%,我国核电进入一个快速发展的新阶段。

同时,为了适应核电发展的需要,核工业对原来规模小、成本高的军用核燃料工业进行了大幅度的产业结构调整和重大的技术更新,淘汰落后技术,关停富余生产线,引进先进技术,开拓民用核燃料生产,从而改变了核燃料工业单一军品生产的格局,产业结构趋于合理。结构的调整,使核燃料工业生产技术水平跨上了一个新的台阶,我国实现了核电站燃料元件的国产化。

通过科研攻关,我国建设了秦山核电站燃料元件生产线,生产了30万千瓦核电机组的燃料组件。在此基础上,引进法国大型核电站燃料组件制造技术,建成了大型核电站燃料组件生产线,成功地向大亚湾提供了换料燃料组件。目前,正在建设的重水堆核电站燃料元件生产线,以及与田湾核电站配套的俄式燃料元件生产线,使我国核电站全都能够以相当于国际市场的价格使用国产核燃料组件。

核燃料工业的发展同时促使铀同位素分离技术的更新换代。90年代初,我国加强与国际的合作,铀同位素分离技术上了一个台阶,使核电站燃料供应中的“瓶颈”环节得到解决,能耗降到原来的1/20左右,分离成本大幅度下降,为核燃料工业的发展展示了广阔的前景。同时由于我国铀资源多数成矿品位较低,远低于澳大利亚等铀矿资源丰富的国家。为降低成本,核工业人还成功地采用了地浸、堆浸新技术,一改过去一直采用的常规开采提取法。1997年地浸、堆浸天然铀产量占总产量的65%,大大降低了核燃料综合成本。

我国在积极发展核电、核燃料工业的同时,十分重视核技术的应用,同位素和辐射技术已广泛应用于工业、农业、医学、环境、资源、科研等各个领域,是核技术为经济建设和人民生活服务的又一项重要内容。中国从20世纪50年代末开始生产和应用同位素,发展到现在有了长足的进步。目前,我国生产的同位素制品已多达800余种,广泛用于工业、农业、医学、环境、资源、科研等各个领域,初步形成了一个包括同位素及其制品、核仪器仪表、辐射加工、核农学和核医学等行业的新兴高技术产业。辐射加工产品和技术服务年产值超过10亿元,市场需求不断扩大。我国利用辐射诱变技术已在 40 余种植物上累计育成 513 个新品种，约占世界各国辐射诱变育成品种总数(2 050个)的四分之一，年种植面积保持在 900 万公顷以上，约占我国各类作物种植面积的 10%，每年为国家增产粮食 30～40 亿公斤，经济效益超过 30 亿元。食品辐照技术不断推广，辐照数量迅速扩大，1998 年我国辐照食品 5 万吨，到 1999 年就达到 8 万 6 千吨，是世界上食品辐照量最多的国家。

工业方面，大量核仪器仪表应用于生产过程在线控制、产品无损检验、运行静电消除、微量元素分析、能源资源勘查、材料辐照加工等，火灾预警报警器等核仪器仪表应用于工业，均取得显著效益；清华大学研制的海关集装箱检测系统得到成功应用，电子加速器、放免药盒等已出口亚太地区，电子束技术处理烟道气脱硫、脱氮已在热电厂示范；利用核工艺使用的金属过滤膜所开发的空气净化过滤装置，质量可与国外大公司的产品相媲美。医学方面，放射性同位素外照射和内照射，以及加速器辐射，已成为治疗恶性肿瘤一种有效的和常用的手段。放射性药物和核医疗设备的生产规模稳定高速增长，产品质量有了明显提高，我国每年约有2 000多万人(次)接受放射免疫检测和体内治疗。

这些年来核工业部门积极发挥技术、设备和人才优势，大力开发民用产品和发展多种经营为经济建设作出了贡献。例如：铀地质勘查系统，利用物探、化探、遥感、航测技术和工程手段，开展综合找矿、工程勘测。铀矿冶系统，把湿法冶金技术应用于提取黄金、钨、铜和分离稀土元素，形成了一套新工艺，提高了回收率，增加了经济效益。核燃料生产系统，兴建了钛白粉、金属镁、铝金属与铝箔等一批大型转民项目，增长了经济实力。设备仪器仪表制造系统，开发了一批高新技术和可供出口的机电仪产品，民品产值已占其总产值的 98%。科研系统，努力把科技成果转化为生产力，把军用技术移植于民品生产，为国民经济提供了许多新技术、新工艺、新产品。

贯彻对外开放政策，加强国际科技合作与交流，发展进出口贸易是核工业长期发展坚持的原则。党的十一届三中全会后，我国逐步调整了对外核政策，核产品出口政策逐步放开，对国际核安全保障政策也转向灵活。20 世纪 80 年代以来，我国先后参与制定或加入了《核安全公约》、《不扩散核武器条约》等 6 项国际公约和条约，与美、英、法、俄、加、日、德等 16 个国家缔结了政府间核能合作协定，与 40 多个国家和地区签订了多种形式的核能合作协定，拓宽了我国和平利用核能的国际空间。1984 年 1 月 1 日，我国加入国际原子能机构，并在此前后同 10 多个国家签订了和平利用核能的合作协定，同 40 多个国家和地区开展了经济技术合作和贸易往来。由于我国在核科学领域的国际地位，当年即被推举为该机构理事会的指定理事国，扩大了我国的国际影响，为开展国际科技合作与交流，发展进出口贸易创造了条件。

改革开放 30 年来，核工业的产品和技术逐步进入国际市场。我国自行开发的微中子源反应堆，先后出口到 4 个发展中国家；与阿尔及利亚合作建设的研究堆工程，创下了当时出口项目的两项全国第一，即高技术大型成套设备和技术出口第一，单项技术出口项目合同金额第一，被誉为“南南合作的典范”；1991 年 12 月与巴基斯坦签订合同，出口一座 30 万千瓦核电站,1993年8月1日浇注核岛第一罐混凝土,整个工程进展顺利。中国已成为世界重要的核出口国家。此外,其他经济贸易往来也逐步扩大,出口额逐年递增,促进了我国核工业经济的发展。我国核工业累计利用外资140亿美元。在广泛的国际合作与交流过程中,通过自力更生与对外开放相结合,形成了我国自己的核电工业体系,通过自主建设与引进核电项目相结合,提高了我国核电建设与管理的技术水平,通过国际合作与技术引进,缩短了我国核燃料工业与世界先进水平的差距,我国核电国产化的水平显著提高。

回顾我国核工业发展的历史,十一届三中全会以来,经济体制改革的不断深化使核工业企事业单位改变了计划经济的核军工管理体制,逐步建立起适应市场经济的新机制。军民结合为核工业开辟了广阔的发展空间。是军民结合,才使核电得以起步和发展,形成了今天的核电规模,并带动了核燃料、核科研和建筑安装等核工业全局的发展;核电、核燃料和多种经营成为中国核工业总公司的三大经济支柱。不断扩大的对外开放为核工业发展提供了良好的外部环境,通过对外合作交流,引进先进技术和设备,引进外资,大大加速了我国核工业及核燃料工业的发展。

1.2 核工业企业的兴起和发展

1.2.1 核工业企业的兴起

我国核工业产业的兴起是与我国原子能工业同时诞生并共同发展的。从1955年中国决定创建核工业,中国核工业经历了两大发展阶段,从1955~1978年的24年间,是以军用为主的第一发展阶段。在这一阶段建成了包括铀资源勘查、铀矿采冶、核燃料循环生产、核科学技术研究、核安全防护卫生、核建筑安装、核设备制造、核军用研制、核技术应用等系统在内的完整的核科技工业体系。从1979年以后进入军民结合,以民为主的第二发展阶段,核工业贯彻军转民的战略方针,重点转向核能核技术的和平利用。主要任务是核电建设。在此期间,伴随着30年的改革开放和中国经济的迅猛发展,核工业崛起了一批引人瞩目的大型企业。这些企业可谓是国家的“战略盾牌”,用强大的经济实力捍卫了国家的利益,保卫着国家的安全,也在世界舞台上为国家赢得了应有的尊严。中国核工业总公司、中国核工业集团公司、中国核工业建设集团公司就是其中的三家大型企业。

中国核工业总公司(China National Nuclear Corporation,简称中核总)是国务院直接领导的全国性特大型工业公司,是在原中国核工业背景基础上组建的,1988年9月16日成立,总部设在北京。该公司按照国家建设规划和国内外市场需求,实行军民结合,以核为本,发展核电,多种经营的方针,担负核工业生产、科研、建设和经营等任务。同时,中核总又是中国的国家原子能机构,办理中国核领域的涉外事项,参加国际会议,进行国际合作和交流。中核总拥有固定资产 650 多亿元，全公司有 200 多个企、事业单位。公司机关设有科学技术委员会、核电部、核燃料部、科学技术部、国际合作部、安防环保卫生部、地质总局、矿冶局和建筑安装工程局等部门。全公司职工总数 28 万多人，其中，各类科技、工程专业人员 7.8 万人。1999 年，中国核工业总公司一分为二，拆分为中国核工业集团公司、中国核工业建设集团公司两家大型军工集团公司。

中国核工业建设产业是我国核工业完整体系和国家高科技战略产业的重要组成部分，先后完成了我国大陆所有的核武器研究生产基地和核燃料生产设施建设，承担建设了我国航空、航天、船舶、兵器等各军工行业的各类国防科技工程，履行了国家赋予的保军建设责任，为我国核工业的发展和“两弹一星”的丰功伟业作出了重大贡献。中国核工业建设集团公司是 1999 年经国务院批准在原中国核工业总公司所属部分企事业单位的基础上组建，由中央管理的国有重要骨干企业，是经国务院批准的国家授权投资机构和资产经营主体，是国防科技工业十大军工集团公司之一。

2000 年，中国核工业建设集团公司提出了“保军促民、调整结构、以核为本、科技兴业”的改革发展方针。2002 年，他们制定了《中国核工业建设集团发展战略提纲》，首次对集团发展战略进行了系统化。明确而响亮地提出：在 21 世纪的头十年，集团要力争发展成为中国国防工程建设的主要承包商，包括国防工程、国防配套工程的设计、采购、施工、维护和部分科研，在中国国防配套体系中处于重要地位；在国防工程以外的各类工业与民用工程市场，尤其是电力工程、房屋建造工程市场中，成为具有融资能力、工程总承包能力的国内一流、国际知名的企业集团。2003 年，集团公司进一步明确了其发展战略目标，作出了核心竞争能力在于“核”的科学判断，确立了核电工程、核工程、国防科技工程建设和核能科技产业化为核心业务，多元化经营为重要补充的业务格局。

所有的战略都围绕一个“核”字展开，所有的举措都围绕一个“核”字实施。集团公司自成立以来，各项事业步入持续稳定的良性发展轨道，核心竞争能力得到进一步提升。国务院国资委首批确认集团公司的主业为“军工工程，核电工程、核能利用，核工程技术研究、服务”。集团公司目前已经形成了“一个核心能力，两个核心业务”的战略发展框架，以国防工程和核电工程为代表的工程建设、以高温气冷堆和低温供热堆技术为代表的先进反应堆技术产业化是集团公司的核心业务。在军用核工程和国防科技工程建设方面，公司先后承建了我国所有的核反应堆、铀浓缩厂、核燃料元件厂等核武器研究试验基地、核燃料生产设施及各类科研院所，承建了航空、航天、船舶、兵器等各军工行业的各类国防科技工程。

在和平利用原子能方面，集团公司承担了秦山一期、二期、三期核电站和大亚湾核电站、岭澳核电站、田湾核电站等我国所有核电站以及我国出口巴基斯坦的恰希玛核电站的工程建设，积累了多种核反应堆工程的建造经验，取得了多项建造技术的突破，形成了一批自有知识产权，全面掌握了百万千瓦级核电站建造能力。2005 年，集团公司又相继赢得了新开工建设的岭澳核电站二期工程、秦山核电站三期工程、巴基斯坦恰希玛核电站二期工程等核电站工程建造合同。

秦山三期核电站是我国首座商用重水堆核电站，是中加两国迄今最大的贸易项目。工程于1998年6月8日开工，2003年7月24日比合同工期提前112天全面建成投产，创造了国际重水堆核电站建设周期最短的纪录。进入生产运营期后，两台机组保持安全可靠经济运行，连年实现年度安全目标并超额完成年度发电目标和利润指标。截至2008年8月底，电站已累计安全发电591亿千瓦时，与同等发电量的燃煤发电相比，相当于少消耗标准煤1 937万吨，减排二氧化碳4 230万吨，减排二氧化硫173万吨，同比压水堆核电站少消耗天然铀280吨；公司累计创利24.8亿元，累计缴纳税费47.5亿元。2007年，在国际上40台重水堆核电机组中，秦山三核两台机组运行性能分别排名第4名、第5名；在世界上429台核电运行机组中，秦山三核两台机组运行性能分别排名第30位、第14位。

中核建设集团公司通过参建秦山三期工程等众多核电项目，已全面系统地掌握了多种堆型、多种规模核电站建造的关键技术，并将继续应用并推广秦山三期工程建设的成功经验，吸收借鉴国际先进的管理和技术成果，为我国核电发展作出应有的贡献。集团公司还以军工企业的优良信誉和奋斗精神，先后承建了遍及石化、能源、交通、纺织、医药、冶金、建材等多个行业的大批国家重点工程项目，其中多项工程获国家建筑工程鲁班奖和省部级优质工程奖。

中国核工业集团公司(简称中核集团公司)是在原中国核工业总公司部分企事业单位基础上经国务院批准并于1999年组建的特大型国有企业，其前身是二机部、核工业部、中国核工业总公司，是国家授权投资的机构，按国家控股公司方式运行。中核集团公司建立了完整的核科技工业体系，由246个工业企业、公司、科研设计院和事业单位组成，主要承担核动力、核材料、核电、核燃料、乏燃料和放射性废物的处理与处置、铀矿勘查采冶、核仪器设备、同位素、核技术应用等核能及相关领域的科研开发、建设与生产经营，对外经济合作和进出口业务，与世界40多个国家和地区有科技经济往来。中核集团公司是我国核电站的主要投资方和业主，是核电发展的技术开发主体、国内核电设计供应商和核燃料供应商，是重要的核电运行技术服务商，以及核仪器仪表和非标设备的专业供应商，承担着核电站运行和安全技术保障的重要任务。

1.2.2 核工业企业发展的主要特征

1.自力更生、艰苦创业

中国核工业自创建初期就始终坚持“自力更生为主，争取外援为辅”的方针，在积极争取前苏联的技术援助，使我国核工业建设有一个较高起点的同时，把核事业的发展主要放在自己力量的基点上，重视建立自己的科研基地和工业体系，独立自主地开展科研工作和培训专业人才，把命运掌握在自己的手里，保证核事业立于不败之地。

我国核武器的研制，一是技术起点高，二是发展速度快，三是研制效率高。在第一颗原子

图 1.4　邓小平视察酒泉原子能联合企业

弹爆炸2年后，氢弹原理试验成功。从第一次核爆炸到制成导弹核武器，美国用了 13 年，前苏联用了 6 年，而我国只用了 2 年。从第一颗原子弹试验到第一颗氢弹试验，美国用了 7 年零 4 个月，前苏联用了 4 年，英国用了 4 年零 7 个月，法国用了 8 年零 6 个月，而中国只用了 2 年零 8 个月。从第一颗原子弹爆炸到中国宣布暂停核试验的 32 年中，我国只进行了 46 次核试验，比美国、前苏联低一、二个数量级，效费比是世界上最高的。

在为核事业奋斗的过程中，核工业广大干部职工坚持发扬了"热爱祖国、无私奉献，自力更生、艰苦奋斗，大力协同、勇于登攀"的精神。在当时我国科学技术和工业基础还十分薄弱的情况下，要从零起步，搞出原子弹、氢弹，可谓困难如山，尤其是前苏联中途毁约停援后，更增加了这种困难。但勤劳勇敢的中国人民，坚信"我们只要有人，又有资源，什么奇迹都可以创造出来"。广大干部职工克服重重困难，突破和掌握了从铀矿资源勘查到铀矿开采与提取，从铀转化、浓缩到核燃料元件制造，从核部件加工到核武器研制等全套技术。毛泽东同志 1958 年曾预言："搞一点原子弹、氢弹，我看有 10 年工夫完全可能"。事实上，从 1954 年发现第一块铀矿标本开始，到第一颗原子弹爆炸试验成功，恰好花了十年工夫，从 1958 年毛主席作出上述预言，到第一颗氢弹爆炸成功，也恰好经过了十个年头。中华民族依靠自己的聪明才智跻身于世界核先进国家行列，自立于世界民族之林，令炎黄子孙扬眉吐气，欢欣鼓舞。

2.质量第一、安全第一

质量和安全是核工业的生命线，是核工业兴衰成败的关键。中国核工业从一开始就把"质量第一、安全第一"作为工作指导的一项重要方针，在科研生产建设各个环节都贯彻了这一方

图 1.5 周恩来、陈毅、贺龙同外宾一起参观原子能所

针。尤其在核电站建设过程中，按照国际标准要求，进一步加强了质量、安全意识，建立健全了严格、周密的质量保证体系，质量、安全受到国家核安全法规的约束和国家核安全机构的监督，并得到国际原子能机构的认同。50 年来，中国核工业没有发生过重大超剂量致死事故和严重放射性环境污染事故，主要核产品质量始终保持了合格标准。

3.尊重知识、尊重人才

知识、技术、人才是核工业发展的关键，因此，核工业企业都十分注意培养、爱护和使用人才。中核建设集团公司高度重视人才队伍的建设，认为科技人力资源是推动科技进步的源泉，是促进生产力发展的基础。在良好的人文环境中实施人才发展战略是集团公司始终追求的目标，牢牢把握人才引进、培养和使用的三个重要环节，坚持“用好现有人才，提升关键人才，引进高素质人才，培养未来人才”的原则，通过建立完善的用人制度、分配制度、考核、评审和激励制度，以吸引高素质人才的加入，并为他们发挥聪明才智提供广阔空间。他们不仅尊重老科学家、老专家，而且也重视年轻科技人员，对他们政治上信任，工作上放手，生活上关心，使他们能心情舒畅，专心致志地工作，多出成果，多作贡献。

4.坚持改革、不断创新

由于历史的原因，核工业企业长期在计划经济体制下运行，明显带有计划经济体制的烙印，既有陈旧思想观念的束缚，也有体制机制的痼疾。不改革创新，就难以适应市场经济的客观要求，同时核工业建设是高科技密集产业，这一性质决定了他们必须把科技创新放在第一位。例如，中核建设集团公司在历史积淀基础上，经过认真总结、培育和提炼，确立了“创新发展，勇当国任”的企业精神和“至诚至信、唯专唯精”的经营理念，既体现了核工业历史的优良传统，又具有鲜明的时代特色。“创新”就是要不断解放思想，与时俱进，不断进行体制、机制和科技创新，以确保在市场竞争中的优势地位，为企业不断开拓核工业领域提供持续发展的不竭动力。“发展”是创新的目的，也是推动创新的动力。强调发展，就是要牢牢把握发展这个第一要务，围绕公司“一个核心能力，两个核心业务”发展战略，不断增强集团公司核心竞争力，实现全面、协调和可持续发展。

1.2.3　核工业企业发展的现状和前景

核电产业是一个与国家安全息息相关、具有较强外部性和公益性的特殊产业。在中国，总发电量的 80%以上为火力发电，而资源赋存条件决定了国家火电建设以煤炭为主的格局，考虑到将西北部出产的煤炭输送给需求集中的沿海地区的运输能力问题，以及火力发电所带来的严重环境污染，2006 年全国人大会议正式通过“国民经济第十一五规划”，明确国家的产业政策从过去的适度发展核电，转为积极发展核电，我国核电进入了加快发展的新阶段。中国核工业特别是核电的发展正面临着前所未有的大好形势，中国核工业企业迎来了企业的重要发展机遇期，发挥着不可替代的作用。

继秦山一期、广东大亚湾、秦山二期、秦山三期等核电站建成之后，田湾核电站一期 1、2 号机组于 2007 年正式并网发电。同年，中国核工业集团公司控股投运核电机组达到 11 台，总装机容量达到 900 万千瓦。其中，秦山、田湾核电基地 7 台机组全年共发电量达 326.8 亿千瓦时，发电总量创造历史最高水平。全年未发生非计划性停堆，达到历史最好水平，秦山一期在第十燃料循环周期中创造了 469 天的国内当时最好运行纪录，这也是秦山核电站连续第四次创造的国内最好运行纪录，前三次分别为 331 天、443 天、448 天。

在前十次换料检修中，秦山核电站进行了 37 项重大技术改造，完成了投产以来最大的一次技术改造。从 1991 年至今，秦山核电站每年投入数千万元资金进行自主技术改造，共完成 2074 项变更或技术改造，这给该电站安全运行打下了坚实基础，并为我国其他核电站的运行、检修和改造积累宝贵经验。此外，秦山二期安全稳定运行，秦山三期在一个燃料循环周期中创造了 463 天的运行纪录，田湾核电站一期工程全面投入商业运行，运行良好。

中核集团一批核电新项目进展顺利。三门核电顺利开工；秦山二期扩建工程 3 号机组提前 3 个月转入全面安装阶段；福建福清核电项目、桃花江核电项目拿到“准生证”，方家山核电项目进展顺利；恰希玛核电二期提前转入全面安装阶段。此外，中核集团还预留 10 多个优质的核电站厂址。

核电的迅猛发展让中核集团不断壮大。近年来，他们采用产、学、研密切结合的方式，积极开展自主创新，在地浸砂岩型铀矿成矿理论、找矿模式研究方面取得新突破，建立了我国陆相沉积盆地地浸砂岩型铀矿成矿预测、勘查评价技术方法体系，建立和完善了铀矿勘查技术标准体系，实现了铀矿勘查攻坚能力的大幅度跨越，提高了在艰苦条件下开展铀矿勘查的生产能力。现在，中核集团在铀矿勘查中已经建立了远程信息控制技术，做到了技术集成、智慧集成及精确控制矿体，创新了预测准则和矿体时空定位技术。

2007年，国家科学技术奖励大会上，中核集团下属的核工业二一六大队主持完成的《新疆伊犁盆地南缘可地浸砂岩型铀矿勘查研究及资源评价》获得国家科技进步一等奖。这个被称为首次重大突破的科技项目，直接成果是在伊犁地区发现了一个万吨级的铀矿床，并且进入产业化开发阶段。

目前，我国10多个铀成矿带及大面积的勘查空白区尚待开展系统的勘查评价，找矿前景十分广阔。新一轮全国铀矿资源潜力预测评价正在进行，预计我国潜在铀资源超过数百万吨。因此，我国铀资源完全可以满足国内核电发展的需求，核工业地质队伍完全有能力担负起铀资源供应这一任务。

第2章　核工业企业文化的形成与发展

2.1　企业文化概述

2.1.1　企业文化的概念

1.企业文化的内涵

企业文化指的是企业在成长和学习过程中,发展出的一套有效的关于思考和行为方式的基本定式,并以此教化组织新成员和整合企业内部管理资源。优秀企业的文化凝聚了开创性领导人的核心价值观并集中体现了一套实现核心价值观的实际做法。

从企业文化内涵上讲,企业文化是一种市场经济环境下的文化。企业文化所强调的核心是"人",因而企业文化是一种以人为主体,以企业管理整体最优化为目的的管理学说。它强调了人在管理中的作用,重视了企业的群体意识,在运用现代化管理方法和手段中特别突出了文化在管理中的激励与约束作用。

企业文化的定义

企业文化是一种以人为主体，以企业管理整体最优化为目的的管理学说，它强调了人在管理中的作用，重视了企业的群体意识，在运用现代化管理方法和手段中特别突出了文化在管理中的激励与约束作用。

企业文化体系是企业理性组织结构的基础,而且是从观念、精神、行为及环境等软性因素中,发掘管理的巨大潜力,支持机械性组织的有效运作。优秀的企业向员工灌输它的核心价值,并创造出一种强烈崇尚其核心价值的氛围。与传统文化相比较,企业文化具有主动性、竞争性和互补性的特征;与传统理论相比较,企业文化更加体现出以人为本、以软代硬、个性鲜明的特点。例如远大集团把它们的企业文化定义为:当一切还刚刚开始时,我们就把自己叫做“远大”。这不仅意味着我们拒绝任何短期行为,还表明我们不会在任何成功面前停步不前。

2.企业文化的构成

企业文化的构成包括以下几个层面:

①物质文化层面,企业容貌、企业环境、科技状况、企业产品;

②制度文化层面,企业规章制度、领导体制、组织机构、民主制度;

③精神文化层面,企业目标、企业哲学、企业精神、科技道德;

④综合文化层面,企业的形象、企业的品质、企业素质、科技行为。

企业文化的四个层面

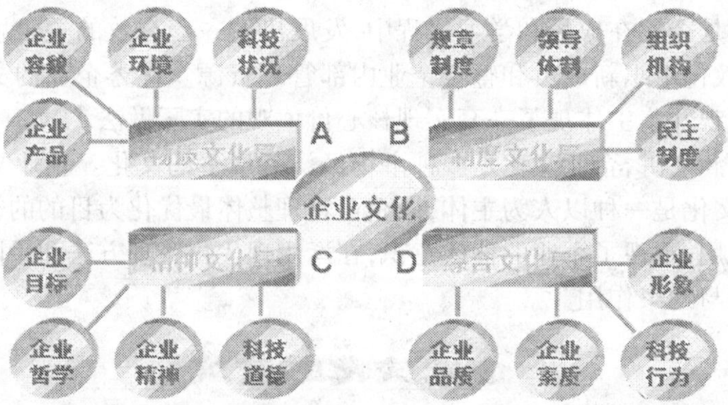

在企业文化的四个层面中,企业形象、企业经营理念、企业价值观、企业精神、人才理念和道德观念等是构成企业文化的核心因素。

(1)企业形象

任何一个组织都要谋求自身的生存和发展。组织的生存和发展固然要服从于社会的需要,但是组织的形象对于自身的发展起着重要的作用。企业形象(Corporate Identity,简称“CI”)又被译为“企业特征”、“企业识别”等。CI 理论是指企业运用视觉设计和行为活动把企业理念和企业文化传达给社会公众,使公众对企业产生一致的认同感和价值观的一种形象手段。CI 的内涵非常丰富,它包括理念识别、行为识别和视觉识别三个要素。

①理念识别(Mind Identity,简称“MI”)是企业经营观念和经营战略的统一,包括企业的信条、价值观、精神口号、企业风格与经营策略等。理念识别是企业形象的核心要素。世界上的一些著名企业都有自己出色的理念识别。如美国 IBM 公司的企业理念为“IBM 就意味着最佳服务”,日本卡西欧公司的企业理念为“创造与奉献”。

②行为识别(Behavior Identity,简称“BI”)是在经营理念的指导下所形成的企业运行的全部规程策略。它表现为企业经营战略特色,企业经营范围和目标,企业管理方法,企业经营作风等。

③视觉识别(Visual Identity,简称“VI”)是指用以传达企业理念和行为信息的统一化、系统化的视觉符号系统。它是 CI 设计中最为直观、具体,与社会公众的联系最为密切,影响面最广的一种企业形象。企业视觉识别的基本要素有企业名称、企业品牌标志、企业象征造型图案等。

一个企业如果在社会上树立起良好的形象,就能增强竞争力,它的产品和服务就能得到社会的信任和肯定,受到消费者的欢迎。一些饮誉世界的名牌商品所以能在竞争中立于不败之地,就因为它在消费者心中树立了良好的形象。例如广东太阳神集团公司其产品在 80 年代初就已开发,主要生产“万事达”牌生物链口服液(“太阳神”口服液的前身),但因欠缺统一的形象设计,其产品市场状况一般。1988 年该公司开始导入 CI,在公众面前树立了“太阳神”企业及产品的形象,取得了广大消费者和整个市场的认同,其产值呈现跳跃性的增长。今天的太阳神集团,已经延伸到食品、医药、房地产、贸易等更为宽广的经营领域。“太阳神”名震神州,影响远至东南亚、香港等地。

(2)经营理念

企业经营理念是一种思想观念,是企业所特有的基本信念、价值标准和行为准则等的总和。它贯穿于企业的全部活动,指导企业的方向,影响企业全体成员的精神面貌,决定企业的素质和竞争能力。先进的企业经营理念被企业中的大部分人或全部人掌握了,每个人都能在其岗位上为共同目标发挥作用,可以形成合力从而对整个企业起到推动作用。

企业经营理念是一种精神的力量,支配、决定企业中每个成员的行动方向,引导和推动整个组织朝着既定目标前进。企业经营理念也是一种道德的力量,促使其成员自觉地按某一共同准则调节和规范自身的行为,并转化为成员内在的品质,从而改变和提高成员的素质。企业经营理念还是一种心理的力量,这种力量能使企业员工在各种环境中能有效地控制和把握自己的心理状态,使企业成员在激烈的竞争及艰难困苦的环境中也能有旺盛的斗志、乐观的情绪、坚定的信念、顽强的意志,从而形成企业的心理优势。

企业经营理念是企业在经营工作上的最高准则与行动标准,是最终与客户、与员工、与合作伙伴达到共赢目标的指导原则。它是一个具体的、有针对性的实指概念。远大集团的经营理念是:我们永远坚持“完善自我、出类拔萃”的信条,绝不自大和守旧,我们必须使自己的精神境界和经济实力一天比一天进步,我们只有在产业规模和声望上永远超越同行业,在技术水平和管理水平上领先全球,我们的各项有助于人类的企业活动才能得以延续,我们的远大理想才不会成为空想,我们的名字才会闪闪发光(摘自《远大宣言》)。

(3)核心价值观

价值观包括质量观、人才观、环境观等一系列价值观念群。作为核心价值观的企业基本理念需要回答三个关键性的问题:“追寻什么?”“为什么追寻?”与“如何追寻?” 追寻什么? 即追寻愿景(Vision),也就是追寻一个大家希望共同创造的未来景象(Shared Vision)。为何追寻?

即企业的目的或使命,是组织存在的根源。有使命感的组织有高于满足股东与员工需求的目的;他们希望对世界有所贡献。如何追寻？也就是在达成愿景(Vision)的过程中,核心价值观是一切行动、任务的最高依据和准则。这些价值可能包括正直、开放、诚信、机会均等、精简、实质成效、忠实等。这些价值观反映出企业在向远景(Vision)迈进时,期望全体员工在日常生活中的行事准则。例如1914年IBM公司沃森进入当时严重亏损的IBM计算制表记录公司担任经理,他渴望IBM在财务上取得成功,但他也想以此来实现他个人的价值观,并且把这些作为新公司基础价值观载入史册。沃森的宗旨是:必须尊重个人;必须为用户提供尽可能好的服务;必须追求最优秀、最出色的成绩。沃森的圣典是:决不解雇任何人。后来,随着IBM的规模迅速地扩大,小沃森将IBM宗旨归纳为一组简单的格言:要对每个员工体贴备至;要不惜时间使客户满意;要竭尽全力把事情做好。

(4)企业精神

企业精神是企业价值观的核心,是企业文化中最重要、最基础的元素,是企业文化的灵魂与支柱。企业精神是企业广大员工在长期的生产经营活动中逐步形成的,并经过企业家长期的努力,精心确立和培养起来的。日本松下集团的创始人松下每天写一段信条式的"语录"让员工们反复背诵,使其成为思想和行动的指南。他认为,这并不是为了谋求永久的"个人崇拜",而是要在企业内部建立一种持久的"风格"。同样,我国的大庆精神,也是在大庆党委以及当时的石油工业部领导的精心培育下形成的,并通过大力地推广和宣传,在许多工厂企业中扎下了根。

企业精神是整个企业中最富有魅力、最具有鼓动性意义的无形的价值因素,它使得整个企业充满了活力与朝气,并激活了广大职工身上所蕴涵的各种潜能,所有在企业中工作的人,都为这种精神所感召,把它作为自己工作进程中不可或缺的精神力量。因而,企业精神不仅仅是现代企业之魂,从更广泛的范围上说,它也是整个现代文明之魂。

在现代社会中,仅仅靠企业内部的物质条件和技术力量已经不能完全地保障企业在激烈的竞争中保持不败的地位,没有一种核心的价值观和行为规范作有力的支撑,再先进的机器和技术也可能发挥不出其应有的作用来。日本松下、东芝、日立等著名大企业成功的主要秘诀不在于他们技术力量的雄厚,而在于他们都有自己独特的企业精神作支撑。

(5)人才理念

事业的成败关键在"人"。一个企业在事业上所取得的成功,无不是其人才战略的成功。一个企业要想巩固已取得的成果,并在更高的起点上有所作为,则要赖于它坚持不懈地实施其行之有效的人才战略。而要实施好人才战略,首要的就是必须在这一组织的管理者头脑中牢固树立以下五个人才理念:①要有爱才之心。所谓爱才,就是重视人才,尊重人才,重用人才。②要有识才之眼。识才是任人唯贤的前提,也是现代管理者必备的基本素质。一个管理者是否能慧眼识才,直接关系到其事业的成败。③要有聚才之力。能否千方百计地吸引人才,组成了一个"聚才磁场",并通过这个"磁场"的"辐射",打造一个多层次的聚才圈,这是管理者能力强弱、水平高低的集中体现。④要有用才之道。用人之长,避人之短,是用才之首策。⑤要有容才之量。容才是现代管理者重要的心理品质。小沃森认为:公司成功与失败之间的真正区别常常可以归结成下面的问题,即它在多大程度上使雇员巨大的能量和才能发挥出来,答案就在于我们所说的信念的力量以及其对雇员的吸引力。松下电器有今日的成就,就是因为得到和使用人才的缘故。松下幸之助说过这样的话:能够网罗人才,是因为经营者的我,强烈希求人才的缘故。我要一面经营事业,一面培养人才,也就是一面生产,一面教育员工。我当主管的原则是:尽可能看员工的优点,而不注意看员工的短处。很幸运,我将经营的责任交付给他们负责,结果他们的确也能发挥长处,恪尽职守。初来我们松下电器工作的人,不见得都是人才,只因我让他们发挥优点,所以事业才能蒸蒸日上。因此,做主管的人应该是注意部下的长处,让他们有机会发挥。同样,做部下的人要注意上司的长处,别斤斤计较他的短处。从此可以看出,人才理念对企业的发展起着多么关键的作用。

(6)道德观念

企业道德观念是企业文化的重要组成部分,也是企业文化管理的核心内容之一。企业道德通过道德规范、道德教育、道德评价、道德行为等来调节企业内外的各种关系,为企业发展创造良好的环境和条件。企业道德作为企业成员群体的组织道德具有内聚自约功能、均衡调节功能、导向激励功能,对于企业成员的道德品质和社会公道具有重要的影响。IBM 公司要求每个员工必须遵守的法规是:"必须按道德办事""IBM 公司的名誉在你的手中"。道德观念是我们公司有令人羡慕的名声,人们通常认为我们是力量、成功和道德的化身。我们坚持贯彻道德规范,对我们公司的职业作风和市场营销的成功起着非常直接的作用。多年来,我们一再强调每个职员的行为要符合高标准的道德规范。IBM 公司现在如此,今后也将如此。松下电器总裁为员工制定的员工守则是:

生产报国的精神:我们从事生产事业的人,一定要以生产作为第一个目标。

光明正大的精神:光明正大受人尊重。

亲爱精诚的精神:如果有优秀的个人而不团结,就如同一盘散沙,毫无用处。

奋斗向上的精神:奋斗到底,才是我们达成任务唯一的原动力。

遵守礼让的精神:有进退合宜的礼仪,人与人之间才能和谐相处。

顺应同化的精神:是一种大诚的表现,更是一颗包容万物,忠诚服务的心。

感恩图报的精神:是最高的道德表现,这种精神意念强的人,就会增加自己存在的价值。

2.1.2　企业文化的功能和作用

1.企业文化的功能

人们往往把企业文化与文化、体育、娱乐、培训、办报刊等活动联系在一起,其实这些仅占企业文化内容的很小部分。企业文化有着广泛的内涵，是企业在生产和管理活动中所创造的具有企业特色的精神财富及其物质形态。企业文化在企业管理方面的功能有以下几方面。

(1)导向功能

企业文化，具有明确集中的价值观，集中体现企业的最高理想及所追求的最高目标，为企业的经营决策活动提供了价值取向，具有导向功能。优秀的企业安全文化的价值观，为企业大多数职工所认同，他们将企业的价值观“内化”为个人的价值观，将企业目标“内化”为自己的行为目标。这样，个体目标、价值观、理想与企业的目标、价值观、理想有了高度一致性和同一性，个体的行为被集中导向到同一目标，使全体员工朝着同一的方向共同努力。

(2)约束功能

企业文化对企业员工的思想、心理和行为具有约束和规范作用。这种作用与传统的管理理论所强调的制度约束不同，它虽也有成文的硬制度约束，但更强调不成文的软约束，它通过文化的作用，使这些制度在员工心里深层形成一种定势，构造出一种响应机制，只要有诱导信号发生，即可得到积极响应，并迅速转化为预期行为，这种约束机制能够有效地缓解员工自治心理与被治现实形成的冲突，削弱由其引起的心理抵抗力，从而产生更强大、深刻、持久的约束效果。

(3)凝聚功能

企业文化有着明确的价值观和目标，当它们被企业职工内化为个体的价值观和目标后就会产生一种积极而强大的群体意识，将每个职工紧密地联系在一起。职工之间不仅有着共同的理想和目标，而且有着共同的情感和语言，形成共同的生活方式，他们会将成绩归功于集体并愿共同承担遭受失败带来的后果，这样就形成了一种强大的，以企业为中心的凝聚力和向心力。企业文化可以保持一个企业的稳定性，保持其独有的风格和活力，不因企业员工的更替而大起大落。企业文化具有强大的凝聚力，有着畅通与完善的传播渠道，因而它有足够的力量同化一批又一批新来者，使他们接受这种文化并继续坚持与传播它。这正是世界上一批优秀企业长盛不衰的原因。

(4)激励功能

企业文化的激励作用，主要是通过对员工的“内”激励来实现的，它主要是通过精神激励而不是物质激励。这种激励主要从以下几个方面产生：首先，企业的文化，特别是企业的价值观向人们展示了工作的意义，人们在理解工作的意义后，会产生更大的工作动力，这一点已为大量的心理学研究所证实；其次，企业文化强调以人为中心，强调充分发挥调动职工的主人翁精神。一旦职工真正感到自己的主人翁地位，他就会更好地工作，并产生强烈的使命感；再次，企业文化可以对职工进行目标激励。它一方面用企业的宏观理想和目标激励员工奋发向上，另一方面它也为员工个体指明了成功的标准与标志，使其有了具体的奋斗目标。

(5)辐射功能

企业文化一旦形成较为固定的模式，它不仅会在企业内部发挥作用，对本企业员工产生影响，而且也会通过各种渠道（宣传、交往等）对社会产生影响，为整个社会的精神文明建设作出自己的贡献。一般说来，企业文化大都重视企业与社会之间的互益关系，使二者共同繁荣和发展，它能促使企业在社会责任与企业利润目标，长期利益与短期利益之间作出正确的抉择，主动承担起自己所应担负的社会责任，有时为了长期利益和大局利益而甘愿牺牲自己的局部利益。企业文化还通过对自己员工的优良培养和教育而影响整个社会，对社会大文化产生良好的影响。

（6）品牌功能

企业文化和企业经济实力是构成企业品牌形象的两大基本要素，它们是相辅相成的。企业品牌展示一个企业的形象，企业形象是企业经济实力和企业文化内涵的综合体现。企业文化（软件）与企业的经济实力（硬件）具有紧密关联性，无论是世界著名的跨国公司，如"微软""福特""通用电气""可口可乐"，还是国内知名的企业集团，如"海尔""华为""康佳"等，都具有独特的企业文化和强大的经济实力。

2.企业文化的作用

企业文化是企业在市场经济中处理各种关系的准则。企业文化在企业中对内对每位员工的想法和态度有平衡差异的作用，同时外界通过对企业文化的认识，可以形成对企业的统一认识。企业文化的重要作用主要体现在以下五个方面：

（1）通过共同的价值观起到统一员工思想的作用，从而增强企业的凝聚力和向心力，加强职工的自我调节和控制；

（2）激励职工的奋发进取精神，提高他们的士气，使他们重视职业道德，形成创业的动力；

（3）为企业的创新活动和企业的战略意图的实现提供思想基础，提高企业对环境的适应能力；

（4）改善和优化人际关系，使企业员工产生更大的协同力，从而发挥出企业的整体优势，创造超一流的业绩；

（5）树立企业形象、提高企业声誉，提高企业的知名度和在社会上的影响，从而为企业创造无形资产。

优秀的企业文化应在处理以下关系中发挥积极的作用：

①与消费者的关系：做到顾客完全满意；

②与政府部门的关系：做到诚信不渝、遵纪守法；

③与其他企业的关系：做到公平竞争、互利互惠、互相尊重；

④与企业员工的关系：做到肯定个人尊严、保障员工合法权益。

文化由于其特有的功能，在人类社会发展中发挥着不可替代的作用。文化的功能是无形的，我们只能看到其作用的结果，却看不到作用的过程，甚至难以预先感知。要使文化的功能作用能够预先感知，就要能够操纵文化，使其按预期的方向发展。

2.2 军工企业文化

2.2.1 军工企业的特点

军工企业是指电子工业部、航空工业总公司、航天工业总公司、兵器工业总公司、核工业总公司、船舶工业总公司、中国工程物理研究院及各省国防工业办公室所属的承担国家下达军事装备、产品研制、生产计划任务的企、事业单位。

目前中央直接管理的军工集团共有11家,包括中国电子科技集团公司 、中国航天科工集团公司 、中国航天科技集团公司 、中国兵器装备集团公司 、中国兵器工业集团公司 、中国船舶重工集团公司 、中国船舶工业集团公司 、中国航空工业第二集团公司、中国航空工业第一集团公司 、中国核工业建设集团公司 、中国核工业集团公司 ,下属子企、事业单位上百家。作为国防安全的基础保障,军工企业具有如下特点。

1.与国防安全密切相关

我国十一大军工集团公司是原国防工业部和军工总公司的“衍生物”,实际上就是附属于政府管理部门(国防科工委)的挂牌公司,仍然带有行政垄断特征。由于军工企业关系到国家的国防机密与发展,所以军工企业不同于一般民用企业的特点在于其市场的不完全竞争性和产业涉及到国家安全,因此企业从战略制定、产品生产、组织机构、政策规章都主要是依据国家国防规划而制定,受政策影响也较大。

2.科技含量高

军工企业产品以军事用品为主,主要有雷达/导航系统、轨道卫星、运载火箭、飞机、高技术船舶、载人航天、测控、发射场和地面应用系统等。涉及专业主要是卫星通信技术、微电子技术、射频仿真技术、雷达控制技术、遥感技术、光纤技术、伺服技术等高精尖技术领域。

3.信息化与数字化程度高

由于军工企业自身的行业特点,因此信息化和数字化的水平较高,军工企业是最早应用信息技术的行业之一,经过多年的发展,信息化基础设施建设已经具备相当规模,信息化工程应用水平也处在国内各行业的前列。

4.机构庞大,人力资源丰富

由于军工企业主要是从事军事资源、国防设施的研制、开发与生产,技术含量相对较高,因此军工领域内的科研人员普遍素质较高，人力资源无论从数量还是质量上对比其他行业国企而言，均达到了较高的水平。虽然人才多，但由于原有的国有体制的影响和历史因素，军工企业的人力资源体系还存在如职能管理部门过多，职责划分不清，机构臃肿，激励性不够等问题。

5.企业历史悠久

军工企业的历史一般都比较悠久，20 世纪 50 年代后期，随着我国计划经济管理体制的确立，我国武器装备等军用产品的供给与需求是一种高度集中的指令性计划关系，生产计划由国家统一制定，生产要素由国家统一分配，产品由国家统一调拨给军事部门使用。在指令性计划调拨关系下，不承认军品的商品性质，市场机制在军品供求之间不发生任何调节作用。

2.2.1　军工企业文化体系

国有军工企业的企业文化，是指国有军工企业在几十年发展历程中，逐步培育而成的具有国有军工企业特征的，适应国防科技工业改革和发展要求的，具有鲜明时代特征的企业文化体系。

1.以人为本

由于军工企业人力资源丰富、科研人员队伍庞大等特点，决定了在军工企业建立以人为本的企业文化的必要性。创建和谐、人性化的军工企业文化更是维护国家长治久安的必要手段。企业文化的精髓就是强调人的价值，注重人的因素，尊重每个人的独立的人格，注重在更高层次上发掘和激励人的潜能。由于军工企业从业人员的文化素质普遍较高，收入也高，因此，金钱或物质上的激励往往不是最重要的。在这种情况下，建立合理公平的绩效考核体系，人性化的管理方式，给个人提供发挥潜力的宽松和谐的环境和优越的办公条件，才是吸引人才，留住人才的重点。

2.创建学习型组织

由于军工企业从业人员科技素质高，产品技术更新快，军备竞争激烈，决定了很多企业都致力于学习型组织的建立。因此，在军工企业建立学习型组织比非军工企业显得尤为重要。“学习型组织”是近几年在管理学界使用频率最高的专业术语。学习型组织的概念早在 1965 年就由美国哈佛大学佛瑞思特教授在《企业的新设计》一书中首次提出。他的学生彼得·圣吉教授在著名的《第五次修炼》一书中完善并构建了学习型组织的理论，它之所以被广泛使用，是因为它能为企业激活生命力、注入创造力，使企业持续发展。

3.纪律严明、保密严格

严格的纪律性和保密性是军工企业区别于其他一般企业的最突出特点，这不仅体现在关键技术、核心业务上，也体现在人员聘用、日常管理中。“纪律严明、保密严格”不仅是党对军工企业的重要要求，同时也体现在军工企业员工的思想中，融入到广大员工的血液里。

4.持续创新、勇于攻坚

军工企业作为高科技产品的主要研制、生产主体的特殊性，其发展速度快，技术水平要求高，企业的管理层要求不断学习，终身学习，才能不断改进技术，提升自己的观念，适应市场导向，创造出适合企业发展的企业文化，保持企业的优势竞争力。因此，军工企业更注重持续创新、勇于攻坚。

5.企业发展战略的稳定性

军工企业研制生产的特殊性决定了其从业人员不可能像非军工企业一样可以“自由出入”，而具有相对的稳定性，这不仅是企业和国家对于他们的客观要求，同时也是他们身上所肩负的义不容辞的政治任务。因此，保持军工企业政策的明确性、持续性和稳定性，也是军工企业文化的特点之一。

2.2.3 军工企业文化特色

军工文化包括精神、制度和物质三个层面，其中，精神层决定制度层和物质层，是最根本、最核心和决定性的因素。军工文化之所以不同于其他文化类型，本质上就在于精神层面的不同。精神层的核心是核心价值观。“国家利益至上”是军工文化的核心价值观，是国防科技工业的内在精神之魂，更是军工文化特色的根本。

“国家利益之上”这个核心价值观决定了军工企业不同于一般企业。从任务上来看，军工企业首要任务是“服务国防”，其经营管理必须服从“服务国防”的任务。从职能上看，军工企业具有很强的政治性和军事功能，在整个国家政治活动和国家安全方面有着决定性影响，这与一般企业活动基本上围绕经济效益展开有很大区别。

军工文化具体特色体现在保密文化、质量文化、安全文化、型号文化和创新文化五个方面。保密文化、质量文化、安全文化、型号文化和创新文化在其他企业文化中也存在，但是，它们的位置不如在军工企业中突出，作用不如在军工企业中显著。军工企业的保密、质量、安全和型号四个方面问题的重要性发生了质的变化。保密、质量、安全和型号问题被提高到政治、军事和国家利益的高度来理解，而不是像一般企业从经营效益和市场竞争的角度来理解。

军工文化的特色具有重要作用。首先，认识作用。军工文化特色是全面、系统和深刻地理解和认识军工文化最重要、最便捷的途径，透过军工文化特色能更直接地把握军工文化的内涵和特征。其次，识别作用。军工文化特色是“人无我有、人有我优、人优我特”之处，是区别于其他文化类型的外在表现，是辨别、建设军工文化最好、最快的方法。第三，抓手作用。文化建设的军工特色越突出，军工文化建设工作的成效也就越大，建设军工文化首先就要在军工文化特色上下功夫、做文章，以特色为抓手、载体，才能切实推进军工文化建设。

军工文化是根本的特色是坚持“国家利益至上”。

1.保密文化建设

军工科技和军工情报是高度机密，属于国家机密的范畴，军工企业的保密工作必须作为一项政治任务来看待。因此，保密文化是军工文化的战略性特色内容。改革开放以来的新形势和新任务，对军工行业保密工作提出了新的要求。保密文化建设不仅要严格执行有关法律法规，而且要使保密法规深入人心，把增强保密意识作为严守国家秘密的第一道防线，成为员工自觉行动和日常习惯。

2.质量文化建设

军工产品的质量优劣，是关系到战争胜负和国家、民族安危的大问题，这是一个比任何单个军工企业的效益要重要得多的问题。党和国家一直强调“军工产品，质量第一”，确保军工产品的高质量。因此，军工质量文化是军工文化特色的基础性内容，军工企业的文化建设应以质量文化为切入点。

质量文化最核心的问题有两个：一个是员工的综合素质，一个是质量意识。质量文化认为，一个人的工作质量、产品质量总是与他的生活质量、消费质量意识等素质密切相关的。由此可见，质量文化侧重解决的是思想意识和生活习惯问题，这些问题往往是质量管理部门难以企及的。质量文化教育就是要以质量为中心，提高人们的工作责任感和追求完美的不懈精神，使之成为全体员工的个体行为、观念和风气，从而在企业整体上形成质量第一、质量至上的思想。

质量意识包括：①标准化意识是质量意识的核心，尤其是研制生产高科技军工产品的航天企业员工必备的观念。②整体观念。在现代化大生产中，个人只能完成十分有限的部分工作，一定要有立足全局、克服狭隘的个人意识，时刻想到自己所完成的工作质量要直接影响到下一道环节，因而影响整体质量水平。③主动积极、团结协作的风格。员工应有“下道工序是用户”“用户是上帝”的观念，把做工精致作为劳动者自尊心和自豪感的表现，与他人合作，共同进步，完成任务。④认真负责，一丝不苟的精细作风。一进入工作就要求自己排除一切杂念，要求工作一次做好，尽可能减少返工，在思想意识上强化严肃认真的工作态度。⑤精通业务。在质量意识指导下，激励员工学科学、学技术，提倡不断改进，提高现有工作水平。⑥和谐的人际关系。建立良好的工作氛围，形成相互之间友好的合作、善意批评监督、共同改进提高工作质量的真诚关系。

3.安全文化建设

军工企业生产安全是国家安全的不可忽视的组成部分。军工企业一旦发生安全生产事故,造成的人员伤亡、财产损失和社会影响要比一般企业更为严重,并且往往带有政治、军事影响。因此,安全文化是军工文化特色的保障性内容。安全文化所要解决的问题,就是形成最大限度的保证工作(劳动)效率和安全系数在临界点以内稳定状态的共识,也就是在尽量避免人身和非人身事故发生的过程中,形成共同的价值取向。

军工企业安全文化建设是近年来军工企业安全生产保障新对策,是安全系统工程和现代安全管理的一种新思路、新策略,也是军工企业事故预防的重要基础工程。军工企业安全文化是企业安全活动创造的安全生产及劳动保护的观念、行为、环境、物态条件的总和。对于现代的安全系统工程,军工企业的事故预防不仅充分依靠安全技术、安全工程设施等安全的硬手段,更需要安全管理、安全法制、安全教育等涉及意识、态度、品行、道德、伦理、修养等更为基本和深层的人文因素和人文背景的安全科学的软技术。人类的安全文化,全面、深刻地影响着人的观念、思维和行为,从而形成客观的物态和环境的安全质量。由此,要保证人的行为、设施和设计等物态和生产环境的安全性,需要从人的基本素质出发,即建立安全文化建设的思路、策略,进行系统的安全文化建设。

4.型号文化建设

型号文化是军工文化的标志性特色内容。重点型号是国防科技工业发展水平的重要标志,是国家和民族强盛的重要象征,是军工行业发展的重要载体。承担重点型号的单位要围绕重点型号开展军工文化建设,形成富有特色的型号文化,带动科技创新,提升管理水平,推动人才队伍建设。如中国兵器工业集团公司所属山西北方惠丰机电公司,其前身是八路军于1938年在山西黎城县创建的太行黄崖洞兵工厂。从战争年代到和平建设时期、再到改革开放的峥嵘岁月,惠丰公司在继承“艰苦奋斗、无私奉献”的黄崖洞精神,积极为国防建设和经济建设作贡献的同时,大力发展有军工特色的“型号”文化,使黄崖洞精神进一步发扬光大,成为激励一代又一代惠丰人“报国强军、自强不息”的精神寄托和力量源泉。

5.创新文化

对于军工行业来说,创新具有非同一般的意义。创新文化是军工文化建设的未来性特色内容。创新是一个民族进步的灵魂,是一个国家兴旺发达的强劲动力。军工行业的创新更具有特殊而重要的意义,它是国家自主创新体系的重要助推器,对国家自主创新能力的提高有着不可替代的作用。军工科技的自主创新水平在很大程度上代表了国家创新能力,一个国家的最先进、最尖端的科技往往都被率先使用在军工产品的研制中。

2.3　核工业企业文化的形成和发展

2.3.1　核工业企业文化的形成

随着“文化管理”日益得到重视，人们越来越清醒地认识到，优秀的企业文化将是一个企业成功的关键。五十多年来，核工业企业在形成和发展中重视企业文化建设，在大力发展核工业的同时，一直致力于核工业企业文化建设的探索，形成了具有核工业特色的企业文化，从而为发展核事业的战略目标打下了坚实的思想基础。

企业文化通常是企业在一定的生产经营环境中，为适应其生存发展的需要，最初由少数人倡导和实践，后经过较长时间的传播和规范管理而逐步形成的。存在决定意识，企业文化的核心价值观就是企业在图生存、求发展的环境中形成的。核工业企业文化的形成也不例外。

50 多年前，中国核工业人带着祖国的重托，人民的希望，以为国分忧、艰苦创业、自力更生，以“特别能吃苦，特别能战斗”的精神，于 1964 年 10 月 16 日成功地爆炸了第一颗原子弹。随后经过 2 年 8 个月，于 1967 年 6 月 17 日又成功地爆炸了第一颗氢弹。核工业企业的生存、发展，虽然受当时客观条件的制约，但核工业人高昂的爱国主义热情和民族自尊心；以国家利益为重，发愤图强，艰苦奋斗，为国争光，为民族争气的创业精神；解放思想，实事求是的工作作风；强烈的革命事业心和政治责任感，严肃认真，一丝不苟，忘我工作，无私奉献的“两弹”精神却被核工业人一代一代传承下来，具有了强大的生命力。

随着经济体制改革的不断深化，核工业企事业单位改变了计划经济的核军工管理体制，逐步建立起了适应市场经济的新机制。运营机制的转变大大调动了广大职工的生产积极性，提高劳动生产率，成为核工业新时期发展的主要动力。随着核工业的发展，核工业企业文化也在不断发展，逐步形成了社会发展与文化的渐进性相结合，国家、核工业企业未来目标、任务、生产方式与实现民族、企业新目标新任务的必然要求相结合的核工业企业理念和企业精神。

企业文化的形成是一个企业的长期行为，必须要经过长期的发展才能完善。核工业企业在核事业建设和发展的整个过程中，肩负着核安全的社会责任；在核电站建设、运营、退役的过程中，肩负着比其他企业更多的社会责任；他们肩负着掌握核心技术，拉动民族工业发展，确保核电站安全稳定运行，确保放射性废物处理处置的安全责任；他们肩负着在落实科学发展观、建设环境友好型社会中节能减排的社会责任；他们肩负着在构建和谐社会中，确保一方平安，维护一方稳定的政治责任。21 世纪是一个竞争更加激烈的世界，也是一个更注重企业文化内涵的世纪，要在竞争中脱颖而出，关键在于公司价值观念和经营理念的全面提升，这对核工业企业是一个机遇与挑战。

2.3.2 核地质企业文化建设

核地质企业文化是地质工作者在探索自然科学领域的实践活动中产生的物质文明和精神文明的成果。艰苦奋斗、无私奉献始终是核地质文化的主题,它不仅反映了本行业的性质和特点,同时也是地质工作者在探索自然界奥秘,继承中华民族优良传统的过程中,逐渐形成和丰富了的思想观念在行为方式上的表现。铀矿地质队伍的光荣传统是核地质文化的精髓,一直激励和影响着几代核地质人。

1.铀矿地质队伍光荣传统的基本内涵和精神实质

(1)热爱祖国、无私奉献是铀矿地质队伍的力量源泉和政治品格。热爱祖国、为国奉献,是中华民族悠久的传统美德。铀矿地质队伍继承中华民族的传统美德,高举爱国主义的旗帜,胸怀强烈的报国之志,自觉把个人的理想与祖国的命运紧紧联系在一起,把个人的志向与民族的振兴紧紧联系在一起。许多功成名就、才华横溢的专家放弃国外优厚的条件,义无反顾地回到祖国。许多核地质工作者甘当无名英雄,“献了青春献终身,献了终身献子孙”,有的甚至献出了自己宝贵的生命。曾有一首诗《杜鹃之歌》深深感动了20世纪60年代的地质工作者。“杜鹃 杜鹃,你是原野的鲜花,扎根大地,映红山崖;杜鹃 杜鹃,你是快乐的小鸟,飞翔云际,唱响天涯;……姑娘是盛开的杜鹃花,姑娘用智慧谱写人生的乐章,姑娘用碧血染红青春的年华”。诗歌是为一位地质学院毕业的美丽而智慧的姑娘所写的歌。这位年轻的女地质队员在野外工作中为了保护地质资料,追赶并拦截受惊的烈马,献出了年轻的生命。

社会进入新的发展时期,成千上万的核地质工作者抵制了高薪、优越工作环境的诱惑,远离都市,远离繁华,远离家人,为了崇高的事业忍受了常人难以忍受的艰苦磨难,付出了常人难以想象的代价和牺牲,表现出了无比高尚的思想境界和精神风貌。许多同志妻子待岗,最基本的住房问题没有解决,子女上学没有着落,更有成百上千核地质工作者献出了健康甚至宝贵的生命,长眠在大山深处和戈壁荒原,他们的英名已与“两弹一星”的丰功伟绩融为一体,永远为世人所敬仰。

(2)艰苦奋斗、自力更生是铀矿地质队伍的事业基点和工作风格。一首《勘探队员之歌》是对当时地质工作者的生动写照:“是那山谷的风,吹动了我们的红旗;是那狂暴的雨,洗刷了我们的帐篷。我们有火焰般的热情,战胜了一切疲劳和寒冷。……背起了我们的行装,攀上了层层的山峰,我们满怀无限的希望,为祖国寻找出丰富的矿藏!是那天上的星,为我们点燃了明灯;是那林中的鸟,向我们报告了黎明……”歌曲歌颂了地质队员们发愤图强的坚定决心和坚韧不拔的顽强意志,充分体现了地质工作者在找矿过程中表现出来的自力更生、艰苦奋斗、乐观向上的精神。

地质工作者在茫茫无际的戈壁荒原,在人烟稀少的深山峡谷,风餐露宿,不辞辛劳,克服了常人难以想象的艰辛和困难，经受住了生命极限的考验。他们在前无古人的新领域，在简陋的工作场所，运用有限的科研和技术手段，依靠科学，顽强拼搏，发愤图强，锐意创新，突破了一个个生产和技术难关。特别是 20 世纪 50 年代末 60 年代初，在前苏联撕毁协议撤走专家的严峻形势下，党中央号召一定要独立自主、自力更生、艰苦奋斗，完全依靠自己的力量突破国防尖端技术。聂荣臻元帅在给党中央的报告中提出，要“变压力为动力”“变气愤为发愤”。正是这样一种自力更生，艰苦奋斗的精神，使广大干部职工发挥出巨大潜能，在很短时间内实现了铀矿资源从无到有，从储量有限到储备充足。

艰苦奋斗是一种志存高远、克己奉公的人生境界，是一种昂扬向上、发愤图强的精神风貌，是一种坚韧不拔、求真务实的工作作风，是一种简约朴素、吃苦耐劳的生活态度。1957 年，国家副主席刘少奇勉励北京地质学院的毕业生“做建设时期的游击队员”并将外国友人赠送的一只猎枪送给地质队员。陈云同志称地质队员是经济建设的尖兵，这都是对地质队员的高度赞扬。

(3)科学求实，勇于攻关是铀矿地质队伍的职业道德和价值追求。著名作家毕淑敏(1969 年入伍，在喜马拉雅山、冈底斯山、喀喇昆仑山交汇的西藏阿里高原部队当兵 11 年，后从事文学创作)曾在一次演讲中说“人生本来没有任何意义，而人生的意义就在于给自己确立一种意义并去努力实现”。广大核地质人就是在铀矿地质新领域不断树立新的目标，开拓创新，大力协作，勇于攻关，在核地质的伟大事业中实现自己的人生价值。地质工作每天面临新问题、新情况，核地质人尊重科学，尊重人才，边学边干，边干边学。在蓝田 401 矿的找矿勘探过程中，西北铀矿广大干部职工结合队情及地区特点，一切从实际出发，全力重视研究地质找矿客观规律。当时有几句找矿队员的经验总结：“没人去过的地方，偏要去”“异常偏高地带，要勤挖，矿化点是挖出来的”“要扫冲沟、攀陡壁”“远线要带灯，难线要带绳”。在勘探过程中总结出“巧破覆盖，精取深部”“群医会诊，走群众路线”“走出去，请进来，开现场会，集思广益，交流比较分析”。“由此及彼，由表及里，去粗取精，去伪存真”等等。大家不怕艰苦，在每个环节、程序上进行细致的区域和矿床成矿条件、成矿规律的科学研究，运用多种找矿手段，终于取得了工作的突破，为国家提交了 401 中型铀矿床。

在大面积铀矿区调中，为了发现异常点，地质找矿人员的攻关精神更令人敬佩。一位地质员在创作诗歌中写到：“曾记得，一把锤头、一台仪器、一枚罗盘，像篦梳一样梳过群山，像龙舟一样闯过礁石险滩。年轻的脸庞留下了风雨冲刷的沟壑，稚嫩的脚板上磨出了带血的老茧。虫叮、蛇咬我无所畏惧，熊、狼野兽我奋力搏击，青年突击队光荣的一员，多找异常点带，是我们发出铿锵有力的誓言。”这是核地质工作者普通一员勇于攻关的真实写照。国务院总理温家宝曾说：“我从在大学学地质到从事地质工作整整 25 年。这期间大部分是在非常艰苦和恶劣的环境中度过的。我深知人生的艰苦，也知道国家建设的艰难。但我也树立了一种信念：一个人，一个民族，一个国家，只要不畏艰险，勇于攀登，一定能达到光辉的顶点。”这朴实而坚定的话语是对地质工作者创业精神的高度概括。

(4)乐观豁达,团结友爱是铀矿地质队伍的人生态度和处世风格。西北黄河流域几千年来形成的传统文化氛围和地质工作的行业特点造就了核地质队员四海为家,灵活机动,能征善战、积极向上的人生态度和粗犷豪爽的性格特点。广大核地质队员在艰苦环境下完成艰巨任务的同时,在大山密林和荒漠戈壁奏出了一曲曲激越奋进的正气歌。1960 年到 1962 年的三年困难时期,承担重要生产任务的广大西北铀矿职工没有悲观动摇,反而迎难而上,上山打橡子,挖野菜,“低标准,瓜菜代”,“闲时少吃,忙时多吃”。大家风趣地说:“吃的瓜菜代,干的千秋业”。长年生活在野外,几十米长的大房子住几十个人,大家风趣称之为“西北大旅社”。繁重的体力劳动后,职工们因陋就简,组织丰富多彩的业余文化活动,队伍呈现出蓬勃的朝气与活力。正是铀矿队伍的这种革命乐观主义精神和艰苦奋斗的精神,才使得这支队伍从政治上,技术上,业务上和组织上经受住了困难时期的考验。

2.核地质文化的传承和发展

从 20 世纪 50 年代,领导全国核地质勘查工作的管理机构——地质部第三局在北京成立算起,核地勘队伍陆续在部、局、队建立了政治机关,加强党的建设和职工思想政治、宣传鼓动、文化教育等工作,促进了核地质文化的发展。60 年代以“报国、奉献”为价值追求,不讲待遇和享受,只讲干劲和贡献。70 年代核地质队伍克服“文革”带来的干扰,开展以“工业学大庆”为主题的创建大庆式企业活动,学习“铁人精神”,按照企业化方式狠抓质量管理,提高找矿效果,初步提出了企业经营和成本理念,推进了企业化管理步伐。80 年代到 90 年代,地勘行业开展“以献身地质事业为荣、以艰苦奋斗为荣、以找矿立功为荣的“三光荣”教育。“三光荣”所体现的基本精神,就是广大地质工作者为振兴中华、为社会主义现代化建设无私奉献的精神,集中反映了地质行业的特点和地质队伍的精神风貌。这一时期,核地质企业文化的一个特点就是民主管理理念的确立和实践。地质单位先后恢复了职工代表大会制度,建立实行经济责任制。同时,核地勘单位走向市场,开发民品,在职工中先后开展“推墙入海”“学邯钢”等转变观念教育活动,从 2000 年前后,核地质单位进一步深化改革,经济结构出现多元化,市场经营理念、竞争意识进一步提高,核地质文化从封闭型转变为半开放型,核地质产业融入了地方经济。

纵观核地质文化的发展历史,由于长期的计划经济体制,核地质行业一直处于封闭和半封闭状态,人们的思想观念还比较保守,管理方法比较粗放,产业经济比较单一。因此,面对剧烈的社会变革,核地质行业文化向真正的企业文化转型,以继承和发扬富有新内涵的铀矿队伍光荣传统为核心,实现核地质文化与真正意义的企业文化的融合已势在必行。

(1)以创新的理念和企业化经营为目标,创建核地质企业文化新的发展平台

在急剧的社会变革中,人们的思想观念、价值取向、思维和生活方式的深刻变化,融汇与积淀成一定的文化现象,从而折射出时代的变迁。就核地勘行业来说,人们经历了彷徨与不安,在打破旧有的思维定势和传统的行业文化观念的同时,必须尝试着建立一种新型的价值体系,以适应市场经济的发展,引领职工去开拓新的发展空间。

确立开拓创新的理念和企业化经营目标是基于以下思考:一是地质工作是体力劳动和脑力劳动紧密结合,生产实践和科学研究紧密结合的工作。通过找矿实践形成新的找矿理论和方法,通过新的找矿理论指导找矿实践,没有开拓创新的勇气就没有足以令人瞩目的工作成果。二是面对新任务、新挑战,核地质工作已非传统意义上的纯粹的铀矿地质普查勘探,它不仅要为国家的可持续发展提供战略资源,确保国家安全;而且必须拓宽为社会服务的渠道,发展适合自身特点的产业,尽可能安置下岗职工,维持队伍的生存,维护社会的稳定。不解放思想、更新观念就不能适应新任务的要求,要直面生存、发展壮大产业经济,逐步实现"四自"目标,在这一过程中,地勘单位要改变长期计划经济体制下形成的思维模式和经济方式,提炼和培育具有时代气息的核心价值观、经营战略、经营理念;通过内部事企分离改革,加强经营管理,加强制度建设,创新文化建设和文化主题活动,搭建核地质企业文化新的发展平台。

(2)以人为本理念和与时俱进的精神,追求核地质企业文化的卓越与创新

随着世界经济的一体化和知识经济的到来,客观上对企业文化提出了许多新的要求。为适应这种新的要求,企业文化建设也出现了一些新的发展趋势:追求创新、不断学习的趋势;在企业发展观中引入生态文化的趋势;在管理观念中强调注重人的因素,注重发掘职工智力资源的趋势。表层的物质文化是队容队貌,浅层的行为文化是生产经营,中层的制度文化是组织规章,深层的精神文化是价值观念和企业精神。核地勘企业在汲取先进企业文化养分的同时,必须结合自身实践,创建有时代特色和鲜明个性的核地质企业文化。

与时俱进,就是要根据发展变化的实践来丰富和发展核地质企业文化。核地质企业文化与时俱进包括两个层面的意义:从继承来看,从行业文化到企业文化,这种文化整合就是将地核勘单位发展过程中优秀的传统、积淀的精神文化结合变化着的社会进行梳理,合成、提炼、升华,内聚为企业的精神力量,构成企业的灵魂体系,为创建优秀核地质企业文化奠定基础。从发展来看,从核地质企业文化的转型,即从感性阶段到理性阶段将是一个漫长的过程。核地勘单位要借鉴和吸收先进企业文化成果,确立与整个社会的正确价值导向相符合的企业价值目标,培育富有时代特征和鲜明个性的企业精神,塑造良好的职工形象和企业形象,使核地质文化融入到有中国特色社会主义企业文化之中。

(3)确立核地质企业文化建设目标,实现企业化经营健康发展

企业是以市场为导向,以营利为目的,从事商品生产、工程施工及服务等经营活动的经济组织。核地勘单位定位在实现企业化经营的目标,就必须紧紧围绕实现跨越式发展这个第一要务,把以做强做大企业为基本内容的企业发展观作为核地质企业文化建设的中心。

由于受传统地勘文化的惯性影响比较深,在推进单位内部事企分离的今天,对于核地勘企业来说,怎样以市场为导向,以营利为目的,在进行企业的战略战术的研究和制定的同时,发扬光大传统地勘文化中的精髓,如科学探索精神、团队精神、艰苦奋斗精神等,抛弃与市场经济不相适宜的东西,营造团结、进取、积极向上的文化氛围与和谐环境,积极构架和塑造能够促进核地勘企业健康、快速、跨越式发展的具有核地质企业特色的文化,是建设核地质企业文化的首

要任务。

品牌形象是企业文化的载体,品质品牌就是企业的生命。企业文化深深地熔铸在企业的品质品牌之中并通过它得以表现。对于日趋激烈的国内外市场竞争,核地勘单位要以树立品质品牌为载体,来彰显核地质企业文化;要积极推进以地质局为集团的产业整合,重塑"核工业"品牌,并以此为团体品牌,树立一系列行业特色的品质品牌,从而提高核地质队伍的总体竞争力。

2.3.3 核工业独特的企业精神文化

企业的精神文化是用以指导企业开展生产经营活动的各种行为规范、群体意识和价值观念,是以企业精神为核心的价值体系。

企业精神是指企业在生产经营活动中,为谋求自身的生存和发展而长期形成的,并为职工所认同的一种健康、向上的群体意识。它是通过企业内部广大职工的言行举止、精神风貌等表现出来的具有企业独特个性的共同价值观与行为规范的集中表现,是一个企业在经济活动实践中形成的优良传统、文化观念、价值标准、道德规范和生活信念的总和。

企业精神具有号召力、凝聚力和向心力,是一个企业最宝贵的经营优势和精神财富,它不是可有可无,而是必不可少。正如美国 IBM 的董事长小托马斯·沃森所说:一个组织与其他组织相比较取得何等成就,主要决定于它的基本哲学、精神和内在动力,这些比技术水平、经济资源及组织机构、革新和选择时机等重要得多。例如,株洲时代集团公司的企业精神为"团结和谐、求实创新、拼搏奉献"。这十二个字是株洲时代集团公司老一辈创业者和新一代建设者用智慧和汗水共同铸就的。它的含义是:顾全大局、团结一致、共创大业;求真务实、艰苦奋斗、开拓创新;知难而上、敢打硬仗、勇于奉献。株洲时代集团公司精神成为其全体员工的基本价值观。

中国核工业经历了诞生、成长、发展的不同阶段,形成了核工业独特的企业精神文化。我国核工业发展的 50 多年,是为中华民族的复兴而团结奋斗、积极进取的 50 多年,是艰苦创业、无私奉献的 50 多年,是成就巨大、硕果累累的 50 多年,在 50 多年艰苦而辉煌的历程中,不仅创造了富有时代特色的"两弹"精神,而且还形成了"四个一切"的核工业精神,即"事业高于一切,责任重于一切,严细融于一切,进取成就一切"的精神。正是这种精神,激励着一代又一代核工业人,克服前进道路上一个又一个的艰难险阻,取得了辉煌成就。

在核工业精神的发展中,各个核工业行业也形成了自己的企业精神,如核工业西北地质局这支具有光荣传统和优良作风的铀矿地质队伍形成了政治坚定,顾全大局;艰苦创业,无私奉献;执著追求,开拓创新;讲求实效,精益求精的西北铀矿地质事业精神。像秦山二核的文化理念被总结成三句话:探索的工作态度、严谨的工作方法、相互交流的工作习惯。公司总经理李永江对此作了如下诠释:核电对于公众来讲很神秘,对于公司员工来说也是新东西,需要大家去探索学习和思考,核电又是众多高科技技术含量极高的系统工程,一个人根本不可能全面掌握,需要广大技术人员多方面的配合;严谨的工作作风是对每一个员工的要求,因为核电站的规范、规程、制度有上万份,不论是哪个岗位、那个部门的文件,没有你我之分,所有人都必须严格遵守;相互交流的工作习惯是每个员工应该具备的,因为众多的学科、众多的领域交融在一起,只有相互交流、互相学习、彼此兼容,才能共同提高,保证核电站的安全运行。

1.事业高于一切,责任重于一切

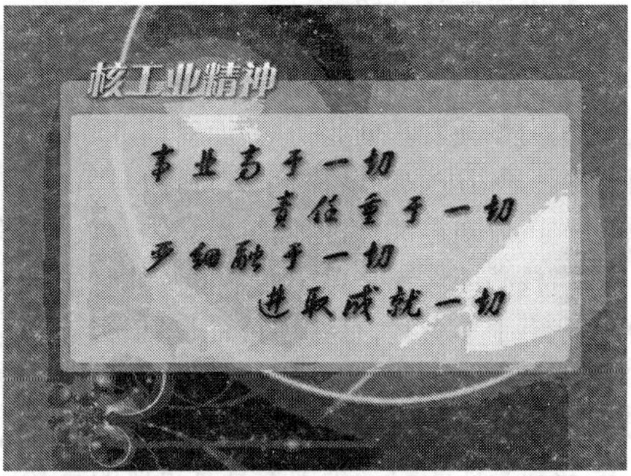

图 2.1　核工业精神

核工业的老前辈说,世界上最重要的东西莫过于责任。核工业关系国家地位、国防安全、民族进步,意义重大。当年党中央、毛主席把发展核工业的任务交给第一代核工业人,嘱咐说,这是决定命运的事情,一定要好好干。周恩来总理说,核工业的几个厂是全国人民利益所在,是世界人民利益所在。核工业人能在艰苦的工作和生活条件下,干出惊天动地的事业,除了有党中央的关怀和全国人民的支持,重要的是他们对于责任、对于使命的理解和认识,责任重于泰山。是事业激发了核工业人的责任,是事业增添了核工业人的志气。为了完成这样的使命,实现这样的责任,成千上万的核工业人在茫茫戈壁荒原、深山峡谷,隐姓埋名、以身许国,风餐露宿、不辞辛苦,经受了常人难于想象的困难和考验。在这里,有与诺贝尔奖擦肩而过,进入戈壁滩一干就是十七年的老科学家王淦昌;有与工人一起倒班,解决了众多技术难题,临到去世时仍与他人合住在一起的科技工作者曹本喜;有喝黄泥汤住地窝子,没有怨言以苦为乐的广大干部和职工。他们把个人的兴趣、个人的价值与国家的安全、民族的进步统一起来,形成平凡而伟大的风格;他们把艰苦的环境、恶劣的条件与为国争光的志气、革命乐观主义的精神统一起来,吃苦不叫苦,受累不埋怨,一心要把工程、产品、事业干上去。

2.严细融于一切

质量和安全是核工业的生命线,是核工业兴衰成败的关键。核工业五十多年的发展历程,锤炼了核工业人严细成风、一丝不苟的科学态度和求真务实的内在品格。中国核工业从创建初期就把“质量第一、安全第一”作为工作指导的一项重要方针,在科研生产建设各个环节都贯彻了这一方针。周恩来总理还曾亲自提出了“严肃认真,周到细致,稳妥可靠,万无一失”的方针。同时还强调,工作要有高度的思想政治性,要有平凡而伟大的风格,要有终身为这项事业的思想;要有高度的科学计划性,要一环扣一环,采取科学的态度和方法;要有高度的组织纪律性,克服松、散、乱、慢现象。从那时起,核工业人就已把严细的作风深深的印在心中。尤其在核电站建设过程中，中国核工业按照国际标准要求，进一步加强了质量、安全意识，建立健全了严格、周密的质量保证体系，质量、安全受到国家核安全法规的约束和国家核安全机构的监督，并得到国际原子能机构的认同。50多年来，中国核工业没有发生过重大超剂量致死事故和严重放射性环境污染事故，核试验成功率是很高的，核电站建造运行是成功的，主要核产品质量始终保持了合格标准，做到了让祖国和人民放心。

3.进取成就一切

核工业是尖端技术、战略产业。先进的技术是用金钱买不来的，尖端的科学技术只能靠自己组织力量开发。创业初期，面对前苏联停援，技术封锁的严峻形势，当时的核工业人依靠自主创新，开拓进取的精神，千方百计、只争朝夕，才成就了“两弹一艇”这样伟大的事业。科技人员对核工业知之甚少，他们组织三结合攻关，争分夺秒、日夜奋战，骑驴找马，终于找到了千里马。当核心部件还是可望而不可及的时候，核工业人制定了两年规划，倒排计划，顺排措施，向中央立下了军令状，有些项目，很多工程节点，不少科研课题，当时看来难以办成、很难实现，但科技人员凭着一股韧劲，创造条件干，组织力量攻关，“死马当作活马医”，最后都被一一攻破，使更多的千里马，驰骋在核工业的大地上。

核科技实力对一个国家具有重要的意义。核工业是战略性高技术产业，是构筑我国核大国地位的奠基石，是支撑民族自强的脊梁骨，是中华民族科技崛起的里程碑。伟大的事业需要伟大的精神，伟大的事业铸就伟大的精神。50多年艰苦历程形成的“四个一切”的核工业精神已经成为核工业人最为宝贵的精神财富，它必将在核工业未来发展中转化为巨大的物质力量，成为核工业人创新发展、继续前进的强大动力。

第3章　建立现代核工业企业制度

3.1　现代企业制度概述

3.1.1　企业与公司

企业是从事生产、流通或服务性活动的独立核算的经营单位，是市场上资本、土地、劳动力、技术等生产要素的提供者和购买者，又是各种消费品的生产者和销售者，是十分重要的市场主体。现代企业是适应社会化大生产市场经济要求的产权明晰、权责明确、政企分开、管理科学的一种新型企业。现代企业将许多单位置于其控制下，进行不同类型的经济活动，处理不同的产品和服务。

企业是国民经济的细胞，是从事经济活动的微观组织。

市场经济国家存在三种基本的企业制度：业主制、合伙制、公司制。公司制是现代企业制度中的一种主要和有效组织形式，一般是指由两人以上经营某项共同事业所组成的一个集合体。公司是法人中的一种，具有进行生产经营或其他服务性活动的权力和行为能力，依法独立享有民事权利和承担民事责任的经济组织。因此，公司必须依法成立，必须拥有自己的财产，必须是一个组织体，必须独立承担法律责任。

公司发展经历了原始公司、近代公司和现代公司三个阶段。最初的公司一般以家族为团体和家族企业为起点，这种家族产业实质上是一种合伙组织，成为后来无限公司和有限公司的前身。现代公司制度是在16世纪诞生的西欧特许贸易公司的基础上，经过几百年的演变才逐渐形成和发展的。从16世纪末到19世纪中叶，是原始公司向现代公司的过渡时期，这一时期的公司为近代公司。近代公司分别经历了三种形式，即特许贸易公司、特许专营公司和合股公司。到19世纪上半叶，欧美国家的工业生产开始从工场手工业向机器工厂制度过渡。技术的采用和企业和规模的扩大，使得资本成大提高，这就使仅靠个人独资和合伙兴办一个企业可能性很小，于是股份公司这一企业组织形式在各产业部门得到了发展，随后，渗透到金融业、通信业。到20世纪40年代，现代公司已进入它的成熟期，成为现代工商企业的标准形式。

公司主要分为下列几种形式：

(1)无限责任公司是指由两个以上股东组成，全体股东对公司债权负连带清偿责任的公司。所谓连带无限清偿责任，是指股东无论出资多少，都对公司债务承担着向债权人全部给付的责任。无限公司股东所承担的风险较大，股东们都可以代表公司，并对公司进行管理。

(2)有限责任公司也称有限公司,是由法定数量股东组成,全体股东仅以各自的出资或出资额以外另加的担保额为限对公司承担责任的公司。公司以全部资产对公司的债务负责,股东对公司的债务不负连带清偿责任,有限责任公司股东的数额是根据法律规定来确定。有限责任公司对于股东的数额一般都有具体法律规定来确定。有限责任公司必须为 2 人以上,50 人以下。

有限责任公司最基本的特点是募股集资上的封闭性,它不得向社会公开募股,也不得发行股票,不必公开其资本和账册,其出资转让在法律上也有较多限制。有限责任公司中所说的股东,既可以是自然人也可以是法人或政府,有限责任公司的股东可以直接参加公司的管理。有限责任公司结构比较简单,股东会由全体股东组成,为公司的权力机构,公司可以设立董事会和监事会。

有限责任公司的注册资本是公司登记机关登记的全体股东实缴的出资额。我国《公司法》规定,有限责任公司的注册资本以生产经营或以商品批发为主的公司注册资本不得少于 50 万元;科技开发、咨询、服务性公司注册资本不得少于 10 万元。

两合公司是指由一人或一人以上的股东就公司债务负无限责任,与一人或一人以上的股东仅负有限责任所组成的公司。两合公司中无限责任股东与无限公司中股东的法律地位一样。有限责任公司股东与无限责任股东除所负责任不同外,有限责任股东还不得以信任和劳务出资,转让股份时也不要求全体股东的同意。

股份有限公司也称股份公司,是指由有限责任股东组成,全部资本分为等额股份,股东仅以其所认购股份额负责的公司。股份有限公司最基本的特点是募股集资上的公开性,即可以向社会公开募股集资,向社会发行股票以吸收更多的资金,从而使得其股本扩大,企业的资金更为雄厚。股东所认购的股份越多,所持有的股票额也越多,所取得的股东表决权也就越大。由于股票可以自由转让,股东的责任又以其持股票金额为限,故其投资风险较小。股份有限公司已成为当今世界最为流行的一种公司组织形式。

股份制企业的股权和产权是相互分离的。企业资产作为整体存在,财产不可分割,但股权可以分割;公司资产变动与股票流动相分离,企业财产的处置与股东转让股票的活动相互独立;企业不管股东如何变化,其生产经营始终保持连续,股东可以根据市场变化随时抛、买股票。

为了保证股份有限公司具有一定的责任能力及达到一定的规模,许多国家的公司法都规定了公司资本的最低额。我国《公司法》规定:股份有限公司注册资本最低限额为人民币1 000万元,上市公司的股本总额不得少于人民币5 000万元。各国对于股份公司的股东不得少于法定数额,但股东人数并无最高限制。我国《公司法》规定股份有限公司应当由 5 人以上的发起人发起成立。

国有独资公司是指国家授权投资的机构或者国家授权的部门单独投资设立的有限责任公司。国有独资公司是借鉴现代公司体制来改革我国国有企业的进程中确立的一种企业组成形式。国家是公司的唯一股东，是有限责任公司的一种特殊形式，是特殊的一人公司，国有独资公司的出资人必须经国家特别授权。

需要改建为独资公司的国有企业需符合下列一项或数项特点：(1)投资大、周期长、收效慢；(2)生产经营不是直接以营利为目的，而是以社会效益为主；(3)在国民经济中具有特殊地位。

在我国的《公司法》中，“公司”是指在中国境内设立的有限责任公司和股份有限公司。我国国有经济可依财产构成采取以下四种形式：国有独资有限公司、国有企业法人持股的有限责任公司、国有资本控股的有限责任公司和向社会公众公开发行股票的股份有限公司。

我国“入世”后，在多边基础上与世贸组织成员的企业进行开放、公平竞争。企业如何抓住机遇，迎接挑战，直接影响着企业自身的生存和发展，也将深刻地影响着中国经济的发展。

3.1.2　现代企业制度文化

所谓现代企业制度，是指适应社会化大生产和市场经济要求的产权明晰、权责明确、政企分开、管理科学的一种新型企业制度。现代企业制度的特征是由现代企业的特征决定的，可以从不同角度去理解它的特征。如从财产关系看，它具有产权明晰、法人财产、有限责任等特征；从组织管理制度看，它具有两权分离、相互制衡、激励和约束兼容等特征；从企业行为看；从企业行为看，它具有目标明确、分配规范、管理科学等特征；从企业生存的外部条件看，它具有公平竞争、优胜劣汰、法制约束等特征。但归纳起来，主要有以下五方面：

(1)产权关系明晰。即企业是法人团体、具有民事行为能力，独立享有民事权利，承担相应的民事责任。企业产权关系清楚，出资者享有企业的产权，企业拥有企业法人财产权。

(2)享有法人财产权。即企业法人有权有责，企业以期拥有的全部法人财产，依法自主经营、自负盈亏、照章纳税，并对出资者负责，承担资产保值增值的责任。

(3)实行有限责任制度。即出资者按投入企业的资本额享有所有者权益，也就是拥有资产受益、重大决策和选择管理者等权利；企业破产时，出资者只以投入企业的资本额对企业债务负有限责任。

(4)政企业职责分开。政府依法管理企业，企业依法自主经营，不受政府部门直接干预。政府调控企业主要用财政金融手段或法律手段，而不用行政干预。

(5)权责明确的管理制度。即一方面有相互制衡的法人治理结构，如股份制公司中的股东会(权力机构)、董事会(决策机构)、监事会(监督机构)和总经理(执行机构)等；另一方面具有权责明确的经理式的管理层级制，善于管理，提高效率。

影响组织机构文化的因素是多方面的，其中包括社会进步的程度、经济发展的阶段、民族文化传统、企业环境等外部因素，也有来自企业内部的文化、目标、战略、领导体制及团队素质等因素。企业制度文化包括以下几个方面。

1.企业管理制度

企业管理制度是保证企业正常、有序运转而在生产实践活动中制定的各种带有强制性的，并能保障一定权利的各项规定或条例。企业管理制度是实现企业目标的有力措施和有效手段，是企业进行正常的生产、经营、管理的制度基础，因此它要周密详细、科学合理，便于实施、利于监督，保障有力、执行严格。制度文化是时代精神在企业生产经营活动中体现的标准化、规范化和程序化相对稳定的群体个性过程，是企业为实现自身目标对员工行为给予一定限制性要求的文化。制度文化的基本要素包括生产行为的规范性、技术程序的标准性、企业机构模式的合理性、企业规章的科学性、企业管理的有效性、企业人际关系的融洽性、企业系统运行的协调性等等。制度文化是企业文化精神层面与物质层面的有机结合。制度文化有明显的中介性，它既是适应物质文化的固定形式，又是塑造精神文化的主要载体。

2.企业领导体制

企业领导体制是企业领导方式、领导结构、领导制度的总称，其中主要的是领导制度。企业领导体制的变化是生产力水平提高的必然结果，也是文化进步的产物。核工业企业属国有企业，其特点决定其必须实行厂长负责制，必须建立以企业最高领导人（即厂长和党委书记）为责任人的企业文化建设领导机构，负责确定企业文化建设的战略方针、长远规划和年度计划，协调企业文化管理的具体措施等工作。

3.人力资源管理制度

人力资源管理制度是开发员工潜能，发挥企业人员的积极性、主动性和创造性的重要管理制度。对于核工业企业，用人制度和分配制度的改革对于企业留住人才和稳定队伍，具有十分重要的意义。核工业企业每位员工都是企业的真正主人，在企业内部，无论职位高低，大家都是平等的一员。就员工与企业的关系而言，各级领导与员工具有共同的利益，平等的权利和义务，共同的奋斗目标。企业只有构建各类人员的职位体系，科学进行岗位价值度评价，建立适应各类人员的富有激励性的薪酬制度，构造全面合理的绩效管理制度，企业文化才能很好地与人力资源管理相结合。

4.员工培训制度

20世纪中叶开始的现代经济发展和现代人力资本理论的提出，使员工培训提到一个新的高度，并日益为企业所重视。企业文化理论更把企业的发展和企业员工的发展紧密相连。培养员工并提高他们的素质，已成为企业发展的目标之一。

企业培训是使员工获得和改进与实现自己岗位职责相关的知识、技能、动机、态度和行为的企业行为，是提高企业绩效，不断实现企业目标，使企业与员工共同发展的一种手段。随着科技发展的日新月异，产品迅速更新换代，企业对人才质量要求越来越高。在社会上适时地招聘到掌握新技术、新知识的适用人才越来越困难，尤其是要使人员对企业有强烈的认同感和归属感，形成企业强大的凝聚力，就更需要开展本企业的员工培训，以提高员工综合素质，特别是思想品德素质。

3.2　建立现代企业制度的中国核工业企业

核工业经过50多年的发展，随着经济体制的改革，中国核工业企业在新的形势下已形成规模，针对现代企业管理中所遇到的如投资管理、进度管理、质量控制、风险控制等问题，核工业企业制定、完善了各项企业管理制度以适应现代核工业企业的要求，在市场经济的大潮中不断迎接挑战。

在核电发展的新形势下，我国发展核电的宏伟蓝图已经确定，核电建设和发展所面临的新形势和新任务要求核电企业必须采取积极的姿态加以应对，包括核心技术的拥有和创新，工程施工的分包管理和总体控制、物流的组织和社会资源的整合利用、各类人才的引进、培养、储备和有效利用等都要适应新一轮核电建设形势下企业发展战略的要求。

3.2.1　中国核工业企业管理模式的变化过程

新中国成立初期，国民经济处于恢复时期，核工业企业处于起步阶段，开始制定初步的规章制度，建立基本的工作秩序。但这个时期不论管理思想、管理组织、管理方法等，基本上还是处在经验管理阶段。随着企业的发展，提出了企业要实行企业化管理，彻底改变历史沿袭下来的供给制办法，推行经济核算制。从此核工业企业先后建立健全了计划统计、生产技术、劳动工资、财务成本、设备动力、安全生产等一系列规章制度，使各项管理工作逐步走向科学化、制度化。

核工业发展初期，由于其特殊性，决定它必须有严格的规章制度来保证生产任务的完成。当时，共和国刚刚成立，百废待兴，一切都要从头做起，为适应企业的发展，吸收了一些管理经验和做法，并在前苏联专家的帮助下，借鉴了前苏联的一些管理模式，在当时的形势下，实行了“在厂长领导下的管理委员会制度”。

工厂管理委员会是在军工企业党组织统一领导下以厂长为首，由党、政、工、团负责人和工人代表共同组织的统一管理机构。其任务是根据上级领导机关规定的生产计划和各种指标，结合工厂实际情况，讨论决定一切有关生产与管理的重大问题，如生产计划、生产组织、管理制度、人事管理等等。随着核工业企业的发展，从工厂管理委员会到“文化大革命”的冲击破坏，从拨乱反正恢复各种规章制度，到计划经济体制下制度体系的形成，从改革开放后实行厂长（经理）负责制，到向市场经济体制下的过渡与转变，从建立现代企业制度以适应市场经济发展和经济全球化趋势的要求，到市场经济体制下制度体系的建立与完善，核工业企业的管理模式在不断地成熟。

到20世纪60年代初，核工业企业基本上做到了按科学管理的内容与方法管理企业，企业管理水平有了很大提高。十年动乱期间，企业管理工作虽然遭到严重破坏，但在粉碎“四人帮”后，经过两年的恢复整顿，又逐渐恢复了一些基本的科学管理制度与方法。党的十一届三中全会以后，按照国家统一部署，从1982年开始，对企业进行了全面整顿，完善了企业经济责任制，建立起从基础管理工作抓起的一套科学的规章制度，为推行现代化管理奠定了有力基础。

1986年，国家经委颁发《企业管理现代化纲要（草案）》后，核工业企业以此作为推行管理现代化的奋斗目标和工作准则，全面开展了推行现代化管理工作。同年开始，相继用了五年时间开展以“抓管理、上等级、全面提高企业素质”为主要内容的企业升级活动，有力地推动了企业管理现代化工作的开展。如今，全面计划管理、全面质量管理、全面经济核算、全面教育、人力资源管理以及经济责任制、价值工程、量本利分析等现代化管理方法和电子计算机辅助企业管理等手段，已在企业中逐步得到了比较广泛的应用，企业迈入了现代化管理的新阶段。

现代企业制度改革后的组织结构有以下三个特点：（1）按照建立现代企业制度的要求，规范了法人治理结构，使集团框架更加清晰明确，集团中的母、子公司关系进一步理顺，充分发挥董事会的统一决策和选聘经营者作用，董事会和经理层适当分离；（2）大力推进领导干部特别是领导班子的年轻化，为公司的发展提供了组织保证和人力资源保证；（3）以建立科学合理的工作流程为准则，重组公司决策层和经营管理层的组织机构。

近年来，为实现核工业企业跨越式发展目标，加快建立现代企业制度的步伐，企业进一步规范了法人治理结构，因原来的组织结构已明显不适应形势发展的需要，突出表现在：往往强调按规则办事，而对规则、制度本身研究得较少，特别是面对快速变化的外部环境，这些规则制度本身是否合理、科学、先进、更缺乏仔细研究；在管理中存在管理层次不清，分工过细，横向协调难度大等问题。

3.2.2 构建现代化核工业企业管理

企业管理是随着生产力和社会发展而发展的，是个动态的概念。是对“把一种或多种物质（或知识）经过一定流程和工艺加工后产生新物质（或知识）换取效益，求得更快发展”过程中的策划、计划、组织与实施、监督与考核，激励与领导等系列活动的总称，企业在快速多变的经营环境中，要不断地保持竞争优势，必须适应环境的变化而变革。那么，现代核工业企业管理的构建要达到以下几方面内容。

1.管理思想现代化

管理思想现代化是实现企业管理现代化的思想基础。它要求企业经营者与管理人员彻底摆脱旧的习惯势力，认真学习和掌握现代科学知识和管理思想，随时捕捉当代科技与经济信息，尤其是经济全球化的今天，要进一步增强市场观念、竞争观念与经济效益观念，牢固树立质量第一、诚信经营、以质取胜的思想，充分运用人类当代一切科技成果，走科学发展，科学经营的创新之路。

2.管理组织现代化

管理组织现代化是实施企业管理现代化工作的组织保障。它要求企业按照集权与分权相结合的原则，划定内部核算单位；从上到下建立一套有效的决策系统和强有力的生产经营指挥系统；组织好生产过程与各个环节的协调，设置一个必要的高效的管理机构；建立健全一套符合现代管理需要的规章制度，努力搞好标准化工作、计量、定额、计划、信息、规章制度、技术、质量、物流、基础教育、班组建设、企业文化建设等一系列基础工作。

3.管理人才现代化

管理人才现代化是推进企业管理现代化的重要前提。主要是建立一支具有现代化管理思想、掌握现代化管理知识和技能的干部队伍，建立人才培训和智力开发的教育机构，采用办班、送出代培代训、招聘引进急需人才，建立人才储备库，组织国内外考察访问等多种方法、多种渠道，提高管理人员素质，不断优化人才结构。

4.管理方法现代化

管理方法现代化就是用系统的现代先进管理方法，改变和替代过去的传统管理，以适应现代生产力发展和企业管理现代化的需要。为了推进企业管理现代化，国家经委推荐了18种现代化管理方法，在全国企业中推广运用。主要包括经济责任制、全面计划管理（包括目标管理）、全面质量管理、全面经济核算、统筹法（网络技术）等。

5.管理手段现代化

在企业的各项专业管理中，全面应用电子计算机为主的现代管理手段，进行数据收集、处理，为决策提供信息，提高管理工作效率。

我国核工业企业管理经历了在“继承＋学习＋创新”的模式下逐步完善的过程。在抓好典型的示范作用的同时，主要从以下四个方面构建核工业企业管理框架。

1.以标准化促进企业科学管理

标准化管理是科学管理理论的精华，是企业管理的基础。以科学的方法建立健全企业的技术标准、管理标准、工作标准体系，完善规章制度、程序方法，加强对职工的培训，让职工熟练地掌握标准、规程是降低消耗，提高企业效益的最佳途径。计件工资制度是科学管理理论重要组成部分。凡是能计量的工作任务一律采用计件工资制,不能明确计件的科室工作也要明确定量化的工作标准。计件工资制不仅是以经济刺激来满足人类最基本的生存需求的手段,而且是体现社会主义按劳分配的主体分配方式的最有效的方法。

2.建立现代化企业制度

根据近代经营管理理论中的劳动分工、职级和职责,集中等级、系列、秩序,统一个别利益服从整体利益的精神,结合社会主义企业管理二重性原理,建立现代企业制度。

3.保持先进的企业管理水平

西方早期管理思想中,把人当成会说话的工具。而现代企业中,职工是企业的主人,企业更要重视人际关系和人的行为动机的研究,考虑人的需要、动机和激励问题,充分调动职工的积极性,把职工的个人目标和企业的总体目标融为一体。西方现代企业管理使用先进的管理方法和管理技术,极大地提高了企业的经济效益,如目标管理、价值工程、网络技术、量本利分析、计算机管理,全面质量管理等。

4.创建有特色的企业文化

企业文化是在一定历史条件下,企业及全体职工在长期的生产经营中逐渐塑造的企业精神和企业风格。企业精神是指价值观念、道德规范、行为准则,是企业内在的思想观念;企业风格是指工作方式、社交方式、生活方式,它是企业的外在表现。要采取多种形式对职工进行宣传教育,造成一种浓厚的企业文化氛围,使职工在耳濡目染、潜移默化中接受企业塑造的经营哲学、价值观念和行为。

核工业企业管理框架的四个组成部分是一个有机的整体。企业基础管理是基石,企业制度是关键,先进的管理方法是保证,企业文化是灵魂。

3.2.3 核工业企业发展的对策

自中国加入世界贸易组织以来,使原本对外封闭的核工业企业融入了世界经济体系,给企业的发展带来了机遇和挑战,企业发展的外部环境固然重要,但关键还在内部。为迎接新的竞争,核工业企业应面对现实、苦练内功,迎难而上,积极采取自己的对策。

1.真正建立起现代企业制度

现代企业制度是为适应现代市场经济和社会化大生产要求,以法人财产权为基础,以有限责任为核心,以公司制度为基本形式,规范企业各方面基本经济关系的制度体系。核工业企业要面对入世后的挑战,必须进行根本性的产权改革,以尽快解决产权模糊的问题,打破国家所有制的禁区。

2.组建大型企业集团

在经济全球化的今天,我国核工业企业的竞争对手,都是有了几十年的资本积累和经验积累的实力雄厚的跨国公司,他们不论在资金、技术还是市场经验都优于中国企业,如果用一个个小企业与跨国公司竞争,非败下阵来不可。因此,必须把经营项目基本相同或相近的企业及相关联的企业组合起来,把资源集中起来,整合为一个个强大集团,从而形成竞争发展优势。1999 年 7 月 1 日中国核工业集团公司(其前身是中国核工业总公司,历经第二机械工业部、核工业部) 就是经国务院批准组建的特大型国有独资企业。

3.坚持自主技术创新

我国的核工业企业过去长期依靠前苏联的援助的技术,多数产品仍停留在仿造和改进阶段,而忽视了自主创新,其结果只能是付出高昂的代价而永远落在人家的后面。而面对当今激烈的竞争对手,我国核工业企业必须坚持技术创新做到努力提高管理者自身的技术进步意识;稳定科技队伍,加强科技人员的引进和培养;加强科技信息工作,优化人员结构,提高人员素质,增加科技投入,更新设备,加强企业科技信息系统建设,并对它进行有效的管理,提高信息服务水平。

4.提高企业管理水平

企业的发展,除了需要良好的社会环境、政策法律环境之外,还要提高自身的管理水平。中国入世后,迫切需要加强核工业企业管理。针对核工业企业入世后面临的新形势和新任务,要以企业走向市场、适应市场、提高企业的市场竞争力为中心环节,把加强和改进企业管理贯穿于改革、改组、改制之中。坚持以人为本、管理创新、制度创新、技术创新并举,开展知识管理。在实践中,建立起与国际竞争相适应的科学管理体系,顺利实现由国内核工业企业管理向国际企业管理的转变。

(1)核工业企业制度创新

由于我国核工业企业是在计划与市场两个体制双轨摩擦并行,既没有完全摆脱旧体制的影响和羁绊,又没有建立起新的完备的现代企业制度,创新观念比较落后,创新环境不够完善,导致制度创新相对滞后,企业已经很难适应加入 WTO 后国际、国内竞争环境。所以,制度创新是摆在核工业企业面前的一项急迫、复杂而艰巨的系统工程。

对于我国核工业企业来说,制度创新显得尤其迫切和关键。因为几十年来与计划经济体制相适应的企业制度已经成为严重制约企业技术创新、产品创新、市场创新的网络。产权制度改革的不到位、经济制度的落后、管理制度的乏力、企业没有真正进入市场,故而缺乏市场压力和参与市场竞争的动力。正是由于我国缺乏完善的企业创新制度保障,所以许多企业虽有优良的资源条件，都不能够脱颖而出。

我国目前的企业制度创新主要是建立现代企业制度，它是企业产权制度、经营制度、管理制度的综合创新，因而企业制度创新是企业整体创新的基础。在我国的企业中，尤其是核工业企业普遍存在技术老化、设备陈旧、产品更新换代慢、管理落后等，缺乏技术创新、市场创新的现象，但根本原因在于传统的企业制度不具备上述一系列创新的功能和条件，所以，不进行制度创新，继续在原来的旧制度上进行修修补补，是无济于事的。

适时的制度创新能够使企业"趋利避害""起死回生"。因为，企业的外部环境总处于不断发展变化之中，随着世界经济一体化、网络化格局的形成，核工业企业会比过去任何时候都更为开放，企业只有和外界保持良好的输入输出关系，才能经久不衰，站在发展的浪头。反之，若是企业体制僵化，创新不足，便会造成毁灭性的打击。举世闻名的美国三大汽车公司之一的克莱斯勒公司，可以说是美国 19 世纪后期建立起来的最大的公司，曾享誉全球。但一度因体制僵化等原因，濒临破产边缘，后来由于它的领导人艾柯卡按照新的原则和结构，改组了公司，如强化了公司的集中统一领导，精简机构，削减冗员，开源节流，建立新的财务、人事、销售体制，使公司从绝境中起死回生，并又成为美国乃至当代汽车生产王国里的"巨人"。由此可见，在创新体系中，管理、技术、市场、竞争力等创新都离不开制度创新，而且都需要制度创新作为依托。从这个意义上说，制度创新是创新的核心。

(2)核工业企业管理创新

创新管理已成为企业管理的必然趋势。创新管理包括：管理的创新、对创新活动的管理和创新管理三个方面。创新管理把创新体现在管理过程中，而且要求整个组织和成员是创新型的。企业成员创新要以人为本，树立全方位创新理念，建立创新激励机制和创新型组织，倡导学习和提升员工工作技能，加强创新训练，提升创新技能。

观念创新是企业一切创新活动的前提。从某种意义上说，企业家的观念创新又是企业观念创新的前提。在实践中，往往是企业家急功近利的经营观念、与市场经济背离的过渡投机心态，对政治资本的偏好等各种落后观念阻碍企业创新的步伐，制约企业的进步发展，透支了企业的资源。

在全球化与新经济时代，在市场发展和体制转轨的背景下，核工业企业的经营观念受到前所未有的挑战。很多早期被证明行之有效的经营观念已经不再能够支持企业的长远发展。在这一历史时刻，唯有积极地进行经营观念的创新，才能让企业立于不败之地。

20 世纪初，西方经济学中"不要把鸡蛋放在一个篮子里"的多元化经营理念还一直影响着我们的企业家。然而 100 年后的今天，大多数国际著名的企业在经历了 20 世纪初那场由专业化到多元化的经营转变之后，又在七八十年代，悄然回到了专业化经营。如果说 100 年前那场由专业化到多元化的经营转变是一场暴风雨般的革命，那么现在这场回到专业化的运动只能说是一种趋势，随着不少企业由于在"多元化的陷阱"中不能自拔而陨落，专业化也就成了大势所趋。因此，随着时代的发展，我们的观念必须创新，才不会被市场所淘汰。

企业一切创新活动要有效运行，都要有一定的组织形式与其相适应。创新是人干的，创新规划的再好，如果没有组织保证，其设想是无法实现的。因此，必须建立创新的组织机构。

我国的联想、海尔、春兰等一批大企业建立了技术研究院。全国已建起了数以百计的技术开发中心。TCL 在 1998 年成立了广东 TCL 数字信息技术开发中心，共开发新技术、新产品 44 项，其中两项达到世界先进水平，集团 1998 年和 1999 年经济增长率达到 40% 和 50% 以上。因此，核工业企业的市场创新、组织和管理创新也应该有组织保证，应建立政策研究和效率研究机构，配备专业人员。

建立创新组织机构，应采用高效创新组织形式。强调职能分工，按照程序开展创新，效率比较低，应积极采用项目小组的形式，从有关部门选拔各具特长的优秀人才，形成知识和能力互补的创新团队结构。

当然，创新有时是需要大量资金的，尤其是重大项目，舍不得投入，就会贻误发展机会，不可能抢先占领市场，就无法取得技术方面的优势地位。国际上有名的大工业公司，都是在研发方面舍得投资的企业。对于我国核工业企业来说，要使创新得以进行，就必须以制度保障创新所需的物质条件。物质条件包括资金、仪器设备、图书资料、辅助人员等，其中资金是最主要的物质条件。

第4章　核工业企业知识产权和保密制度

4.1　知识产权的定义和保护

4.1.1　知识产权的定义和保护

知识产权一词是从英文 Intellectual Property 翻译而来，在我国台湾地区又称为“智慧财产权”。顾名思义，知识产权是关于工业、科学、文学和艺术领域以内以及其他来自智力活动所取得的一种财产属性的权利。

知识产权主要包括工业产权和著作权(版权)。人的智力表现为产业领域的发明创造、商标等，称之为“工业产权”；人的智力活动表现在文学艺术创作上，则称之为“著作权”或“版权”。工业产权包括：专利、实用新型、工业品外观设计、商标、服务商标、商号、地理标志以及制止不正当竞争。

1.专利

一般而言，国际上通称的“专利”是指《中华人民共和国专利法》(以下简称《专利》)规定的“发明专利”。《专利法》所称“发明”，是指对产品、方法或者其改进所提出的新的技术方案。根据我国《专利法》规定。实用新型和外观设计也称为“专利”，而国际上只称之为“实用新型”和“外观设计”，并不冠以“专利”二字。

专利是用来保护发明的。发明具有价值和使用价值，但在未试图解决商业化利用时，它只是一种存储在人脑中的知识。而当进行商业化应用时，就有可能解决发明中价值和使用价值的矛盾，获取经济利益。该商业化应用过程有可能受到他人随意使用的行为影响，破坏价值的正常实现，所以，需要专利保护。在发明主题合法的情况下，授予专利的条件为：有新颖性，有创造性，可以在工业上应用。

第二次修改的《专利法》规定，对于产品发明，保护5种行为：产品制造、产品使用、产品许诺销售、产品销售和和产品进口；对于方法发明，保护5种行为：使用该专利方法、使用依该方法直接获得的产品、许诺销售依该方法直接获得的产品、销售依该方法直接获得的产品、进口依该方法直接获得的产品。上述保护行为，实际上就是发明价值的实现。经专利保护的发明，由于技术内容公开，不禁止人们了解和学习，因此对促进知识传播是有利的。

2.实用新型

实用新型实质上是创造性水平比较低的小发明。实用新型保护的也是一种新的技术方案,但保护范围比发明要窄,仅保护有一定形状或结构的新产品,不保护方法以及没有固定形状的物质。实用新型的保护期比发明短,大多数国家发明专利保护期为 10 年至 20 年,而实用新型则为 5 年至 10 年。比较短的保护期与实用新型的特点相符,有助于促进发明创造活动的开展和技术的更新换代。

实用新型保护的小发明,无论在工业生产中,还是日常生活中,都是极为需要的。因此,实用新型制度颇受工业发达国家的中小企业以及发展中国家的欢迎。

我国专利法既保护发明,也保护实用新型,在较大程度上调动起发明人搞发明创造的积极性。从我国受理的专利申请量看,实用新型超过发明,但差距正在缩小。可以说实用新型保护制度对中小企业和个人有重要的作用。

3.工业品外观设计

工业品外观设计是有用物品的装饰性或艺术性的外表,可由物品的形状、图案、色彩等构成。装饰性或艺术性的外表必须使人看后有赏心悦目之感。工业品外观设计必须是新的,通常不包括物品的构造方法或原理,但有些工业品外观设计也可增加或减弱物品的实用性。

工业品外观设计有明确的针对性,是形象思维与抽象思维相结合的创新性智力活动,属于知识商品,需要加以保护。对于发展中国家来讲,工业品外观设计的保护尤为重要,因为它能够刺激这些国家民间艺术的创造力,鼓励创造精神并促进工业发展。

外观设计具有价值和使用价值,其价值随按此外观设计制造的产品的价值的实现而实现。但是,外观设计与其他知识产权相比,保护期限比较短,在保护期外,就无法受到保护而继续获得商业利益。因此,新的外观设计又应运而生。这种情况对于知识创造是非常有利的,它可刺激产生更多外观设计。

4.商标

商标是用来区别一个企业产品与其他企业产品的一种标记。通过商标,人们就可以辨别相互竞争的厂商的产品。服务商标是区别一个企业服务与其他企业服务的标记,也称之为“服务商标”。

商标必须是可见的,必须显著地与众不同。商标由字母、数字、文字、图案等组成,通常要有独创性。

为了实现这些要求,商标拥有者需要创造性思维。商标是对厂商性质、产品性质、营销战略、市场影响、顾客心理等方面因素综合考虑和高度抽象,并加以艺术处理的结果,因此,商标是一种典型的知识商品,他的价值通过使用该商品的产品价值的实现而实现。注册商标依法受到保护，只有取得注册商标专用权的厂商才能使用。一般说来，注册商标的保护期限届满后可申请续展注册。

对于取得商标专用权的商标，法律规定保护的行为包括：商标的使用、在类似的产品或服务上使用该商标、对使用近似标记的限制。在法律保护下，商标所蕴涵的知识价值可通过使用商标的产品和服务渠道获得充分的体现。

5.著作权（版权）

著作权主要与文学、艺术和科学作品有关，是作者或作者授权他人的主观行为，包括著作权人的多项人身权和财产权。一般说来，受著作权保护的是作者思想的表现形式。一部作品要享受著作权保护，必须是独创性的创作。

一部创作作品，凝结了作者的智力劳动，是有价值的，它可以满足公众的某种需要，因而有使用价值。著作权人享有人身权和财产权。一部创作作品无论是否成为商品，出版与否，作品内容用途如何，作品都受到著作权的保护。

作品价值是通过复制、表演、录制、电影电视放映、广播、翻译与改编及信息网络传播等途径实现的。著作权法规定对复制权、表演权、摄制权、放映权、广播权、翻译权与改编权、信息网络传播权及精神权利进行保护。

对于作者来说，著作权尊重其创作的权利，以及从他的作品中获得利润的权利。著作权法保护艺术作品的权利所有人，防止其作品被他人未经许可进行"复制"。

著作权保护文学作品、科技著作、艺术作品、音乐作品、地图和技术绘图、摄影作品、电影等，我国把计算机软件也归入著作权的保护范围。我国和其他一些国家还对实用艺术作品及舞蹈作品进行保护。鉴于计算机软件的特殊性，我国另外制定了《计算机软件保护条例》。

6.制止不正当竞争

公平竞争是市场经济的最基本原则。我国实行社会主义市场经济，所有的竞争者必须严格遵守共同的竞争规则，保护自由公平的竞争，制止不正当竞争。反不正当竞争法就是应公平的要求产生的。

不正当竞争的行为，在主观上是实施了明知或应当知道自己的行为违反法律和商业道德的行为。在客观上是实施了违反自愿、平等、公平、诚实信用和公认的商业道德的竞争行为。如损害其他经营者的合法权益，扰乱社会经济秩序等。

《中华人民共和国反不正当竞争法》（以下简称《反不正当竞争法》）还规定了对商业秘密的保护。商业秘密是指一切不为公众所知悉，能为权利人带来经济利益，具有实用性并经过权利人采取保密措施的技术、信息和经营信息。商业秘密作为企业特有的一种知识，是企业生产、竞争的极其重要的手段。

传统的知识产权制度要求把知识或信息公开，才能受法律保护。因此，商业秘密不能用专利法加以保护。但商业秘密也不能以著作权法来保护，著作权法只保护知识或信息的表达形式，不能保护商业秘密本身的内容。目前，我国用《反不正当竞争法》规范商业秘密的保护。

7.植物新品种

植物新品种保护是知识产权保护的一种形式。历史上曾经是专利保护的一个分支，由于植物新品种保护的特殊性，它逐渐从专利保护中分离出来，成为知识产权保护的一种特殊形式。

植物新品种是经过人工培育的或者新发现的野生植物加以开发，具有新颖性、特异性、一致性和稳定性并有适合命名的植物品种。

我国于 1997 年 3 月颁布了《中华人民共和国植物新品种保护条例》(以下简称《植物新品种保护条例》)，规定对符合上述植物新品种条件的植物品种授予植物新品种权(以下简称"品种权")

品种权是知识产权的重要组成部分，是植物新品种保护的核心。品种权的法律特点和专利权一样，具有无形性，专有性、地域性和时间性。完成育种的单位或者个人对其授权品种，享有排他的独占权。任何单位或者个人未经品种权人许可，不得为商业目的的生产或者销售该授权品种的繁殖材料。

对于藤本植物、林木、果树和观赏树木来说，品种权的保护期限为自授权之日起 20 年，其他植物为自授权之日起 15 年。我国专利法对植物新品种的培育方法加以保护，而对具体品种本身不保护，因此，《植物新品种保护条例》是对专利法的补充，实际上扩大了我国知识产权的范围。

我国的《植物新品种保护条例》，自 1997 年 10 月 1 日起实施。由于我国的植物由农业部和国家林业局两个部门具体操作。

8.集成电路布图设计

集成电路布图设计也是知识产权一种形式的保护客体。

早在 1989 年，我国就在华盛顿达成的《集成电路知识产权条约》上签了字，成为该条约的首批签约国之一，而当时没有发达国家成员在该条约上签字，这表明我国政府在保护集成电路布图设计方面的意识还是很强的。尽管该条约本身至今也未生效，但由于其核心内容已被《与贸易有关的知识产权协议》(以下简称"TRIS 协议")所接纳，因此，事实上这一条约如今已在 TRIS 协议中发挥着保护集成电路布图设计的作用。

十多年来，我国国内一直没有保护集成电路布图设计的法律法规，但随着 2001 年 4 月 2 日国务院正式颁布《中华人民共和国集成电路布图设计保护条例》(以下简称《集成电路布图设计保护条例》)，这种无法可依的历史已经结束。国家知识产权局负责布图设计登记工作，受理布图设计登记申请。

9.奥林匹克标志

奥林匹克标志也是知识产权保护的一种客体。

2001年中国北京成功申办了2008年第29届奥林匹克标志的保护,保障奥林匹克标志权利人的合法权益,维护奥林匹克运动的尊严,国务院于2002年2月发布了《奥林匹克标志保护条例》。

条例具体规定了6种保护的奥林匹克标志,包括与奥林匹克运动会有关的五环标志、旗、格言、徽记、会歌;与奥林匹克有关的专有名称;中国奥林匹克委员会的名称、徽记、标志;北京申奥委员会的名称、徽记、标志及第29届奥运会的吉祥物、会歌、口号等。

条例还具体规定了哪些为商业目的而不得从事的行为,并规定了如何取得奥林匹克权利人许可、如何订立合同、合同如何备案等。

《奥林匹克标志保护条例》自2002年4月1日起实施。

10.传统知识保护

传统知识是一个民族、一个国家乃至全人类生存与发展的基础。保护传统知识,不仅在维护文化多样性、弘扬优秀文化方面具有重要意义,同时在发展经济、促进社会可持续性发展方面也有着不可替代的作用。中国是历史悠久、人文和自然资源都极为丰富的发展中国家之一。众所周知,中医药、京剧和书画就是我们的三大国粹,是中华民族几千年积累的传统知识的精华所在。有效地保存和保护这些传统知识,对促进我国的经济建设和发展、繁荣文化起着不可低估的作用。

依照WIPO有关文件,传统知识初步定义为:代代相传、存在于特定的人群和地域、并不断与变化中的环境相协调的知识体系。

传统知识直接涉及到人类的衣、食、住、行、医、用、乐(文娱、体育)等诸多方面。传统知识具有其独特的优势,即使在科学技术取得飞速发展的今天,这种优势依然存在。但是,传统知识也必须不断创新,不断发展,完善自身,才能有生命力。

在传统知识的立法保护方面,我国也已经做了一定的尝试,除现有的专利、版权、商标、地理标志、商业秘密等知识产权保护之外,还颁布了《传统工艺美术保护条例》和《中药品种保护条例》等法规,但这些都不是严格意义的以知识产权方式保护传统知识的单独立法,而是带有行政管理特点的尝试性立法。

4.1.2 知识产权的特点

知识产权有以下几个特点。

1. 专有性

专有性,即独占性或垄断性。除权利人同意或法律规定外,权利人以外的任何人不得享有或使用该项权利。这表明权利人独占或垄断的专有权利受严格保护,不受他人侵犯。只有通过"强制许可","征用"等法律程序,才能变更权利人的专有权。知识产权的客体是人的智力成果,既不是人身或人格,也不是外界的有体物或无体物,所以既不能属于人格权也不属于财产权。另一方面,知识产权是一个完整的权利,只是作为权利内容的利益兼具经济性与非经济性,因此也不能把知识产权说成是两类权利的结合。例如说著作权是著作人身权(或著作人格权、或精神权利)与著作财产权的结合,是不对的。知识产权是一种内容较为复杂(多种权能),具经济的和非经济的两方面性质的权利。因而,知识产权应该与人格权、财产权并立而自成一类。

2. 地域性

地域性,即只在所确认和保护的地域内有效,即除签有国际公约或双边互惠协定外,经一国法律所保护的某项权利只在该国范围内发生法律效力。所以知识产权既具有地域性,在一定条件下又具有国际性。

3. 时间性

时间性,即只在规定期限内保护。即法律对各项权利的保护,都规定有一定的有效期,各国法律对保护期限的长短可能一致,也可能不完全相同,只有参加国际协定或进行国际申请时,才对某项权利有统一的保护期限。

知识产权在好几方面受到法律的限制。知识产权虽然是私权,虽然法律也承认其具有排他的独占性,但因人的智力成果具有高度的公共性,与社会文化和产业的发展有密切关系,不宜为任何人长期独占,所以法律对知识产权规定了很多限制。

第一,从权利的发生说,法律为之规定了各种积极的和消极的条件以及公示的办法。例如专利权的发生需经申请、审查和批准,对授予专利权的发明、实用新型和外观设计规定有各种条件(专利法第 22 条、第 23 条),对某些事项不授予专利权(专利法第 25 条)。著作权虽没有申请、审查、注册这些限制,但也有著作权法第 3 条、第 5 条的限制。

第二,在权利的存续期上,法律都有特别规定,这一点是知识产权与所有权大不同的。

第三,权利人负有一定的使用或实施的义务。法律规定有强制许可或强制实施许可制度,对著作权,法律并规定了合理使用制度。

4.2 知识产权制度

世界知识产权组织自1967年在斯德哥尔摩成立后,1974年成为联合国专门机构之一。它的宗旨是通过国际合作与其他国际组织进行协作,以促进在全世界范围内保护知识产权,以及保证各知识产权同盟间的行政合作。中国已在1980年3月3日参加了世界知识产权组织,同年6月3日成为该组织的正式成员国。

《中华人民共和国民法通则》中规定了6种知识产权类型,即著作权、专利权、商标权、发现权、发明权和其他科技成果权,并规定了知识产权的民法保护制度。《中华人民共和国刑法》中,也在第七节,以八条的篇幅,确定了知识产权犯罪的有关内容,从而确定了中国知识产权的刑法保护制度。此外,《中华人民共和国专利法》、《商标法》、《著作权法》、《发明奖励条例》等单行法和行政法规也都对相关的知识产权作了规定。1994年6月16日《中国知识产权保护状况》白皮书发表。白皮书分三部分:一、中国保护知识产权的基本立场和态度;二、中国具有高水平保护知识产权的法律制度;三、中国具有完备的保护知识产权的执法体系。

知识产权是关于知识所有的一种财产权。知识产权制度则是保护人类智力劳动成果的一种法律制度,是人类社会进步的产物。世界知识产权组织前总干事鲍格胥认为:“人类的智慧是一切创作和发明的源泉。这些智慧的成果是人们美好生活的保证,每个国家的责任是对这些创作和发明进行精神的保护。”为了有效地保护这些成果,各国建立了相应的法律体系和执法保护体系。在世界范围内,通过了一系列国际条约,协调规范各国知识产权法律制度。

我国自实行改革开放方针以来,于1980年建立专利局,1982年颁布《中华人民共和国商标法》(以下简称《商标法》),1984年颁布《专利法》,1990年颁布《中华人民共和国著作权法》(以下简称《著作权法》)和《计算机软件保护条例》,1993年颁布《反不正当竞争法》,1995年颁布《知识产权海关保护条例》,1997年颁布《植物新品种保护条例》,2001年颁布《集成电路布图设计保护条例》,形成了较完整的保护知识产权法律制度。在此期间,我国陆续参加了《成立世界知识产权组织公约》,《保护工业产权巴黎公约》、《保护文学和艺术作品伯尔尼公约》、《世界版权公约》、《保护录音制品制作者,防止未经授权复制其制作品日内瓦公约》、《商标国际注册马德里协定》和《商标国际注册马德里协定有关议定书》、《专利合作条约》、《国际承认用于专利程序的微生物保存布达佩斯条约》、《国际专利分类斯特拉斯堡协定》、《国际商标分类尼斯协定》、《建立工业品外观设计国际分类洛迦诺协定》和《植物新品种保护国际公约》等。1986年开始的关贸总协定最后一轮乌拉圭回合谈判把知识产权保护问题作为新增加的重要议题,把TRIPS协议作为参加世界贸易组织一揽子协议的一个重要部分。中国以观察员身份参加了这一谈判过程,目前已加入世界贸易组织,中国都已基本达到世界贸易组织对发展中国家的要求。

4.2.1　知识产权制度发展的历史沿革

从 1474 年威尼斯共和国颁布世界第一部具有现代专利保护意义的法律，到 1994 年 TRIPS 协议的正式签订，知识产权制度走过了不断完善、从国内法到具有国际性法规的漫长路程。尤其是近百年来，技术、贸易和文化以惊人的速度发展，不断挑战知识产权法律系统的强度和灵活性。法律不断渗进，给知识产权制度的进一步快速发展仿佛注入了催化剂。回顾知识产权制度的发展历程，有助于深化认识法律在其中的作用。

1.第一阶段:“特权”的确立

知识产权制度的起源可溯及到封建社会。封建社会的一切规制体现着占有土地和依附于土地生存的劳动力的统治者的意志，这种特定的社会背景铸成了知识产权制度的一个基本特征:地域性。知识产权制度的雏形，是封建社会的地方官吏、封建君主、封建国家通过颁布法令的形式授予的一种特权，其效力只可能涉及颁布法令的官吏、君主或国家权力所及地域内。这种“特权”的确立，是智力成果被首次承认为一种独占权，是知识产权发展进程中的第一阶段。尽管地域性一方面在形式上似乎限制了创作者享有权利的范围，但另一方面又正是在这个特定的范围内，才能被其权利人独享。从而使知识产权在地域性的前提下实现了另一重要特征“专有性”。

2.第二阶段:“法权”制度化

知识产权制度发展到资本主义社会，“特权”制度已完全不能适应产业革命所导致的发明创新热潮。以国家法律的形式将“特权”制度化，使知识产权终于成为依法产生的“法权”。这是知识产权发展的第二阶段。18 世纪 60 年代在英国开始的产业革命，如果没有专利制度是难以发生的。在当时的支柱产业——棉纺织业的水力纺纱机等许多发明都是在专利权的保护下诞生的。专利制度的作用在 19 世纪变得更为明显。德国、美国利用专利保护、有力地推动了本国技术和工业的发展。德国从 1850 年的穷国，跃升到 1990 年的富国，其在 1877 年颁布的专利法起到了重要的作用。

在自由资本主义时期，竞争和生产的无政府状态是经济的主要特征。对智力成果来说，在一国境内出现的发明创造，只要它能够带来利润，并增强竞争能力，其他国家的资本家就要千方百计地去获得并加以利用。为更多地牟取暴力，资本家当然希望“无偿”利用外国的智力成果，因此，不愿意承认其他国家的创造者依其本国法律而取得的知识产权。从一国内部的角度来说，在资本主义自由竞争的条件下，承认依外国法产生的知识产权在国内有效，不仅不利于吸取外国科技、文化新成果，不利于国内工商业的繁荣，而且也不利于国内的社会经济进步和文化发展。所以，自由竞争时期的资本主义各国不承认根据外国法律而产生的知识产权，自然也不会要求外国承认根据国内法而产生的知识产权。因此,严格地域性的知识产权便在资本主义自由竞争的条件下得以强化,并成为统治阶级的国家意志而具有法律效力。

3.第三阶段:具有"国际性"

在资本主义发展到垄断阶段后,垄断资本家的势力范围已超越了国界,他们希望通过对国外的销售、投资和技术输出获得更大的利润。在这种情况下,严格地域性的知识产权对资本主义发展不利的一面便显露出来,尤其是它同垄断资本家扩张国际市场的需要之间的矛盾显的更为突出。因此,谋求专利权国际保护的问题被提出,一些发达国家作为先行者进行了该方面的许多开拓性工作。1883 年签订的《保护工业产权巴黎公约》(以下简称《巴黎公约》),1886 年签订的《保护文学和艺术作品伯尔尼公约》(以下简称《伯尔尼公约》),形成了知识产权领域诡计保护制度的基本法律框架。与之相适应的巴黎联盟、伯尔尼联盟及后来的世界知识产权组织的建立,为知识产权国际保护制度的事实提供了组织保障。它们同后来的《商标国际注册马德里协定》(以下简称《马德里协定》)(1891 年)、《世界版权公约》(1952 年)、《专利合作条约》(1970 年)、《商标注册条约》(1973 年)等一系列全球性和地区性的知识产权条约一起,共同确立了知识产权国际保护基本体制。至此,具有严格地域性的各种知识产权得以通过种种途径获得多国保护,知识产权制度具有了"国际性",这是知识产权制度发展进程中的第三阶段。

4.2.2 我国知识产权执法体系

我国不仅制定了一整套知识产权规律法规,在执法方面也是严肃公正的,并取得了显著的成效。

我国在执行知识产权法律法规方面所取得的成效,应归因于知识产权法律中规定完备的知识产权保护司法途径。

1.司法途径

在我国,享有知识产权的任何自然人、法人和其他组织,在其权利受到侵害时,均可依法向人民法院提起诉讼,享受切实有效的司法保护。

人民法院依法独立行使审判权,只服从法律,不受任何其他行政机关、社会团体和个人的干涉。建立健全知识产权案件审判组织,完善审判制度,是人民法院正确审理知识产权案件、切实依法保护知识产权的重要保障。

鉴于审理知识产权案件专业性强、技术含量高的特点,一些省份的高级人民法院根据实际需要,自 1992 年以来,设立了知识产权审判庭,各经济特区以及北京市、上海市等中级人民法院也设立了知识产权审判庭。目前已有 11 个高级人民法院,近 30 个中级人民法院成立了知识产权审判庭。还有一些省、自治区、直辖市人民政府所在地的中级人民法院在有关的审判庭里设立了专门审理知识产权案件的和议庭。这样集中审理知识产权案件,有利于保证执法的统一性,有利于积累经验、提高知识产权案件的司法水平。

知识产权是一项重要的民事权利。对于民事侵权行为,人民法院除可以责令侵权人承担停止侵害、消除影响、赔偿损失等民事责任外。还可依法对行为人给予不要的没收非法所得、罚款、拘留等制裁。

对那些侵犯他人知识产权情节严重、扰乱经济秩序构成犯罪的,还可以依法追究其刑事责任。对于检察机关依法提起公诉的知识产权刑事犯罪案件,只要有充分证据,证明被告人假冒他人商标或专利,情节严重、构成犯罪的,人民法院严格依照法律规定,及时准确地予以惩处。

依据行政诉讼法,人民法院对自然人、法人和其他组织因不服知识产权行政管理机关的处理的知识产权纠纷决定提起的行政诉讼,有责任进行审理,并依法作出维持、撤销或变更行政决定的判决。

人民法院审理涉外知识产权纠纷依据我国法律和我国加入或缔结的有关国际公约,坚持在适用法律上的国民待遇原则和对等原则,为促进国际经济技术和文化的交流与合作,提供了坚实的法律保证。深圳市中级人民法院审结的美国好富顿公司诉深圳海联化工有限公司侵犯商标纠纷案,在查明被告的侵权事实、确认其应承担侵权责任的基础上,经调查,双方当事人达成调解协议,赔偿其经济损失13万元。同时,法院还对被告的违法行为作出罚款的民事制裁决定。

2.行政途径

我国的知识产权保护制度,除采取司法途径外,从现实的国情出发,专利法、商标法、著作权法等知识产权法律中都规定了知识产权保护的行政途径。

根据《专利法》的规定,目前,全国31个省、市、自治区及一些地方级政府设立的专利管理机关有50多个。根据《著作权法》的规定,设立了国家版权局和地方著作权行政管理机关。商标管理实行国家统一注册、地方分级管理的原则,从中央到省、市、地、县级的工商行政管理局,都内设商标权管理机构,县以下还设有工商行政管理所。知识产权行政管理机关依据法律规定的职权,维护知识产权法律秩序,鼓励公平竞争,调解纠纷,查处知识产权的侵权案件,保障广大人民群众的利益和良好的社会经济环境。

不仅如此,各级知识产权行政管理机关,依据我国法律和我国加入或缔结的有关国际公约,坚持在适用法律上的国民待遇原则和对等原则,依法对外国人的知识产权进行保护。

3.其他行政保护途径

除了以上介绍的几种知识产权行政保护途径以外,我国的海关总署、公安部、文化部等行政机关,对知识产权的保护也有具体的行政保护途径。

4.3 军工知识产权与保护

4.3.1 军工企业知识产权的界定

军工企业知识是指在军工科研生产和军转民经济活动中,由军工知识(智慧、智力)创造的具有价值和使用价值的成果,依法享有的专有权利。军工企业知识产权的所有权主体是国家,包含两个层次:(1)对我国国防建设有重大作用的军工知识产权由国防科工委代表国家;(2)对国防建设有较大作用或一般作用的军工知识产权由各总部、各军兵种、各大军区、各有关工业集团代表国家。国防科工委具有指导、管理、监督、调节等政府管理功能。

1.军工企业知识产权的构成要素

(1)军工专有权:指军工企业(包括事业单位)所拥有的军工类专有技术。

(2)军工著作权:包括军工文字作品、军工音像作品、军工工程设计图纸及说明、军工产品设计图纸及说明、军工地图、军用计算机软件等。

(3)未公开信息:包括军工相关的技术秘密、商业秘密和信息秘密等。

(4)军工集成电路拓扑图:指军工方面的专用集成电路的拓扑图相关设计。

(5)军工商标权:指军工产品所涉及的商标权。

(6)军工地理标识:指一军工产品异于另一军工产品所涉及的地域或地点的区分标识。

(7)军工工业设计:指军工产品的外观新型设计。

2.军工知识产权与一般知识产权的区别

(1)军工科研生产活动是一种军事或准军事行为,它的形成和发展是局限在特定的时域或空域内,在保密要求较高时,甚至局限在一个独立的封闭系统内;

(2)军工知识产权的权利和义务不完全是"公平"的,基于保卫国家安全人人有责的原则,军工知识产权行为人承担的义务有时将超过对权利的要求;

(3)当行为人的义务超过权利时,对行为人的损失采用再投资和税收优惠政策、精神奖励政策、经济补偿政策等方式补偿;

(4)军工知识所创造的成果包括两大类:一类是技术成果,它即可以直接进入(技术)市场流通,也可以直接物化为产品进入流通领域;另一类是科学、文化成果,这类知识成果不完全是商品,基础理论成果没有经济上的使用价值,不属于商品范畴;

(5)军工科技资源的优化配置取决于军工知识产权的界定,界定愈合理,科技资源配置的合理程度就愈高。

3.军工知识产权的特点

(1)保密性

由于大多数国防科技成果涉及国家安全,因此,国防科技知识产权具有保密性,特别是在航天、航空、航海、兵器和核工业部门,保密性更强 。

(2)使用的限制性

国防科技知识产权主要用于国防目的,为国防建设服务。因此,国防科技知识产权的使用要受到一定的限制。

(3)军民兼容性

随着科技的发展,特别是高新技术的发展,军用和民用技术的界限越来越模糊,大多数国防科技知识产权都具有军民兼容性。

(4)实施方式的特殊性

国防科技知识产权的实施主要以行政手段为主,市场为辅。在国家实行军事订货制度,国防科技生产引入市场竞争机制后,国防科技知识产权的实施将会增加更多的市场因素。

(5)权利归属与利益分配的复杂性

知识产权是一种私权,一般采用"谁创造、谁所有"的原则。而大多数国防科技知识产权涉及国家安全, 并有国家投资产生,其产权归属不能完全采用上述原则。在确定权利归属与利益分配时,要考虑诸多因素,如投资的主体、合同的约定、对国防建设的影响程度、科研人员劳动贡献大小等。因此,国防科技知识产权的权利归属与利益分配比较复杂。

4.3.2　军工企业实施知识产权战略的作用

军工企业实施知识产权战略,核心作用在于形成和培育军工企业的创新机制,促进技术创新能力的提高。一个良好的、系统化的知识产权战略实施模式(见图 4.1),可以迅速提升军工企业的管理水平、经营能力、研究开发能力、创新能力等,促使军工企业综合竞争力得到提高,保证国防科技工业顺利实现产业转型。

1.实施知识产权战略,促进人力资源管理创新

从知识产权创造的激励和成果的管理、技术的转让与引进、知识产权的流失与控制、人才流动管理等,不难看出军工企业实施知识产权战略,其实质就是对人的创造性的激励,对人的行为的规范。因此,军工企业实施知识产权战略,必然导致对人力资源管理的创新,其具体模式见图 4.2 所示。

从图 4.2 可以看出,知识产权战略实施的具体工作,包括员工的绩效考核、薪金制度、人才管理、知识产权的相关知识培训以及离退休人员、在外兼职人员和离岗、退职人员的监控等，这些都涉及到人力资源管理的内容。军工企业实施知识产权战略与管理除了知识产权的保护外，另一个重要目的就是如何结合人力资源管理和通过对人力资源管理的创新，实现“人本管理”，是企业从对“物的管理”转向对“人的管理”，将“利用人的工具理性”与“为了人的价值理性”相互结合，激发企业全体员工的创造性，形成一个有利于企业知识创新的环境和机制，从而实现组织目标与个人目标的完美结合。

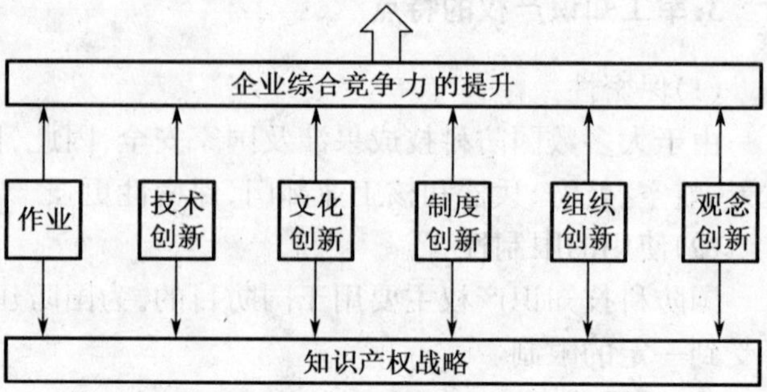

图 4.1　知识产权战略实施模式

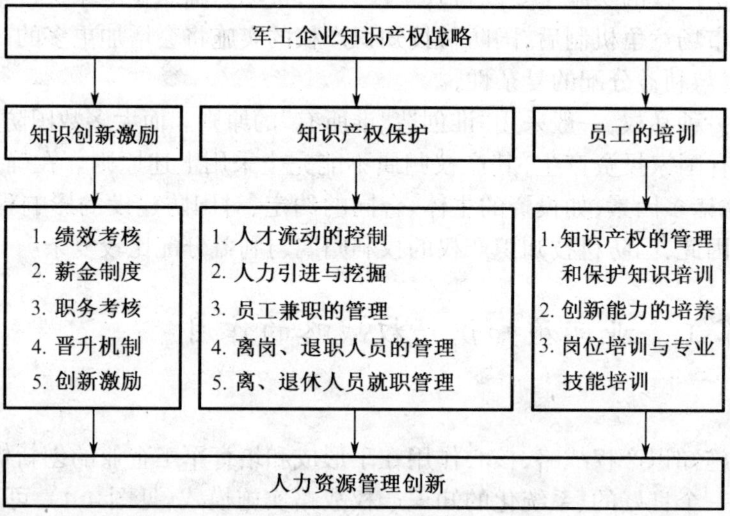

图 4.2　军工企业知识产权战略与人力资源管理创新

2. 实施知识产权战略，促进制度(组织)创新

军工企业实施知识产权战略，涉及对各项专利、专有技术、商标、未公开秘密等的管理和保护，参与技术创新战略的制定和人才流动的管理，技术的转让和引进等，将对军工企业原有制度(组织)造成冲击，促使对原有制度(组织)的创新，使企业在决策机制、激励机制、约束机制等方面实现重要突破。

(1)人事制度创新

军工企业实施知识产权战略,涉及人才流动管理、人才流失控制、员工知识产权相关知识培训、保密制度实施等,将会对企业原来的人事管理、人事组织、薪酬制度、激励机制、人力资源管理运作等造成冲击,促使人力资源管理制度创新再造。

(2)保密制度创新

军工企业知识产权管理部门,通过对知识产权流失的控制、未公开信息的保密措施、信息情报的收集与分析、人才流动的管理、员工在外兼职的监督、离退休人员再就业的追踪管理等,将全面创新再造保密制度、保密组织和替运作管理。

(3)组织创新

企业知识产权相关的技术研究与开发、信息情报的收集与分析、保密制度的事实、技术战略规划、人才的管理等,必然会对军工企业的生产作业方式、管理机制、营销模式、利益分配模式、沟通模式、组织层次结构、部门结构、职能结构、权力结构等作出相应的影响和改造,使军工企业组织向柔性发展,实现组织创新再造。

(4)技术开发战略创新

军工企业知识产权管理部门通过对专利、专有技术、技术贸易等管理运作所积累的经验和获取的信息,通过对科技发展方向、竞争对手技术开发战略、人才流动趋势、全球技术动态,相关行业技术动态等的了解与分析,对企业技术开发战略的形成和技术创新模式都有重大影响,促使对其技术开发战略的重构和创新。对于军工企业,由于军工产品事关国防安全,如何使军、民技术开发战略的合理结合,促使军工技术开发战略重新架构。

3.实施知识产权战略,促进技术创新

军工企业实施知识产权战略,无论是专利、专有技术、著作权等的管理,还是技术贸易,都对技术创新有着促进作用。

(1)技术贸易与技术创新

在技术贸易的诸多方式中,都涉及到技术的转让与引进。在技术引进时,军工企业在吸收和掌握新技术之后,将会更高层次上进行技术创新;在技术转让时,同时出让技术而获取大量的经济效益,促进军工企业更多的技术创新。国际军工产品贸易、军工技术交流与交易等,将促进和提高军工企业的技术创新能力。

(2)人才流动控制管理与技术创新

军工企业实施知识产权战略,加强对员工的监控和提高保密措施,可以阻止和减少技术创新的效率。对借助军工实施企业知识产权战略以及人力资源管理的合理结合,减少人才流失、技术流失,促进技术创新,具有重要的现实意义。

(3)著作权与技术创新

著作权对技术创新的影响大多体现在产品的外观设计和工业美术设计,并能取得巨大的经济效益，加强著作权类知识产权的管理，能有效的保护和促进军工企业的技术创新活动。

(4)企业知识产权部门的信息情报搜集分析工作与技术创新

企业知识产权部门通过对本国和世界各地专利技术、科技论文、学术报告、前沿科技等信息的搜集和分析，可以避免重复研制和浪费人力物力，并能对技术部门和企业决策层提供意见和技术分析报告，有利于军工企业技术开发战略的发展。军工情报搜集与知识产权部门的情报搜集之有机结合，实现分工合作，优势互补，促进军工企业技术创新。

4.实施知识产权战略，促进军工企业文化创新

军工企业实施知识产权战略，将导致对整个企业员工的价值观、行为模式、心理状况等的改变，推动军工企业文化创新。

(1)创新与进取心

军工企业实施知识产权战略，促进科学合理的创新激励机制的形成，有效地促进军工企业的技术创新，并激发员工的创新动力，建立起企业的创新文化，培养全体员工的创新精神与进取心。

(2)团队精神

军工企业实施知识产权战略，通过对员工知识产权相关知识的培训、教育，使员工建立起一种休戚相关的认识和危机感，有利于军工企业团队精神的形成；在进行技术开发、技术攻关、技术创新中，在相关成员之间形成的协作关系和良好的组织性，有利于军工企业团队精神的发展，并对企业其他人员有着强烈的示范作用。

(3)组织容度

军工企业实施知识产权战略，会在不同程度上影响企业的组织、生产运作、管理模式等，从而导致对组织系统的开放性、稳定性、宽容性等的影响，进而推进军工企业文化的发展。

(4)军工文化的形成

军工企业实施知识产权战略，通过对企业创新能力的培养，增强企业的核心能力和竞争优势，提升企业的凝聚力，使企业的一些优秀价值观得到员工的广泛认可，反过来又对员工的行为和心理产生巨大的影响，在企业内部形成高度认可和共享的军工文化。

(5)忠诚感

军工企业实施知识产权战略，企业相应的人才吸引机制、培养机制、激励措施等，会影响和培养员工对军工企业的忠诚感。

(6)对传统文化的冲击

军工企业实施知识产权战略，会冲击企业原先不重视知识产权的认识和观念，使企业树立“尊重知识和尊重人才”的观念和思想。随着军工企业实施知识产权战略的深入，这种冲击会更猛烈、更彻底。

4.3.3　军工企业知识产权的保护

在全球经济化进程不断加快的形势下,对知识资源的创造,占有和运用已经成为军工企业取得竞争优势的关键因素。军工企业通过实施知识产权战略促进人力资源管理、制度(知识)创新、技术创新及军工企业文化创新,在军工企业知识产权的保护上要更加注重前期保护、行政保护、边境保护、法律保护、制度保护以及军工企业人才流动的管理与控制。军工企业知识产权流失的主要方式有:人才流动、技术合作、技术贸易、外单位窃取和合同违约、管理不当、职务发明变非职务发明等造成的流失,另外,专利和商标被强注也造成知识产权的大量流失。在计算机和网络高速发展的同时,由于没有响应管理和保护措施,企业网络知识产权流失也很严重。

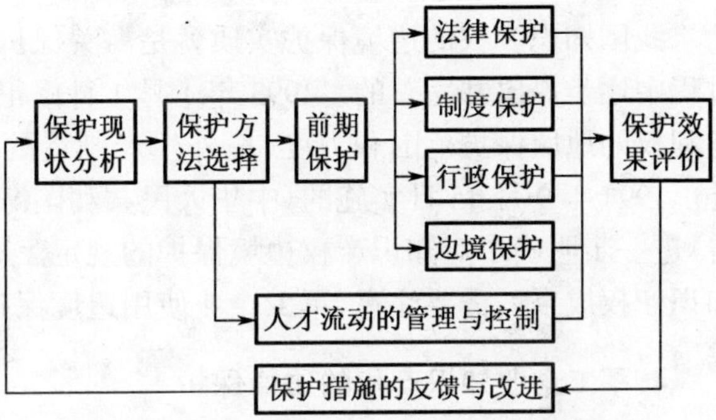

图 4.3　军工企业知识产权的保护模式

军工企业知识产权的保护,主要涉及商标、专利、专有技术、商业秘密以及军工知识产权等保护,重要的是对军工企业知识产权流失的控制。军工企业知识产权的保护可以为图 4.3 所示的模式。

1.军工企业知识产权的前期保护

军工企业知识产权的前期保护,实质是采取必要的保护措施使自己的创造或创作成果最终成为依法得到保护的知识产权。军工企业在科学技术研究中经常发生:研究尚未完成,在研制过程中就急于发表论文或进行学术交流,导致技术公开或被对手利用失去申请专利;或等到研究成果达到完善才申请专利,导致被他人以合法或不合法的手段抢先申请专利失去专利成果。因此,通过合作方式得到的知识产权的前期保护,应在先前的合同中明确各自的责任和取得成果权利的划分。发明创造或创作中的知识产权的前期保护,应注重其关联成果或派生成果的保护。

2.军工企业知识产权的行政保护

军工企业知识产权的行政保护,实质是司法保护的补充或辅助手段。因为行政保护程序简单,费用较少,结案较快,当事人双方之间的对抗性心理也比较容易承受。行政管理机关的职能分工较为明确,便于当事人根据不同的知识产权纠纷,直接到相应的管理机关请求处理。

专利纠纷或反不正当竞争到工商管理机关,版权纠纷到版权局等。军工企业行政关联性强,知识产权行政保护效果会更好。

3.军工企业知识的边境保护

我国知识产权的边境保护实质就是海关保护,是我国1995年前的“复关”和以后的“入世”过程中逐步提出并完善的。1993年1月1日修正后的《专利法》第11条第3款的规定,加大了专利权的地域保护范围和力度,境外生产制造的侵权境内专利权的产品,直接被海关拒之门外。1994年9月15日实施的《中华人民共和国海关总署关于实施知识产权边境保护措施的公告》进一步明确了对知识产权边境保护的规定。军工企业应合理利用该保护措施,保护自己的知识产权成果。需要注意,军工企业使用边境保护,具有一定风险,应注意举报的准确性。

4.军工企业知识产权的法律保护

军工企业知识产权的法律保护,主要通过合同法、经济法、民法的保护,依法追究侵权者的民事与经济责任。涉及的法律有《专利法》、《专利法实施细则》、《商标法》、《商标法实施细则》、《著作权法》、《著作权实施细则》、《计算机软件保护条例》、《反不正当竞争法》等。由于民法和经济法的处罚多属经济范围,打击力度有限。军工企业的军品事关国家安全,在利用民法和经济法保护的同时,应合理有效的借用刑法的保护,提高保护效果。我国《刑法》第127条、《全国人民代表大会常务委员会关于惩治假冒注册商标犯罪的补充规定》以及1994年7月5日颁布的《关于惩治侵权著作权的犯罪的决定》等从刑法范围加大了保护力度。对于“未公开信息类”知识产权,也有响应的刑法保护,可以利用国家《保密法》来提供军工企业知识产权的刑法保护。还有,我国的《反不正当竞争法》、《广告法》等中也规定了相应的刑法保护条款。

5.军工企业知识产权的制度保护

一套完善的知识产权管理制度,对军工企业保护知识产权尤为重要。军工企业应建立涉及知识产权创造、建档、开发运营、激励创新等方面的管理制度。通过建立军工企业契约制度,加强对在职人员,在外兼职人员、离退休人员、离岗人员等的追踪管理。通过在法律框架下,与职工签订合同或保证书,防止知识产权的流失。军工企业应根据自身的实际情况,结合军品的特殊性,加强保密制度的建设,加强对专有技术、军用与商业秘密等的管理与保护。

4.4 军工保密制度

保密性是军工企业最突出特点,军工科技和军工情报是高度机密,属于国家机密的范畴。“纪律严明、保密严格”是党对军工企业的重要要求。军工企业保密工作直接关系到国家的安全、社会的稳定、经济、科技的发展,军工企业保密工作不仅要严格执行有关法律法规,而且要使保密法规深入人心,把增强保密意识作为严守国家秘密的第一道防线,成为员工自觉行动和日常习惯。

4.4.1　保密及其相关概念

1.秘密

所谓秘密是与公开相对而言的,就是个人或集团在一定的时间和范围内,为保护自身的安全和利益,需要加以隐蔽、保护、限制、不让外界客体知悉的事项的总称。构成秘密的基本要素有三点:一是隐蔽性;二是莫测性;三是时间性。一般地说,秘密都是暂时、相对的和有条件的,这是由秘密的性质所决定的。

2.国家秘密

国家秘密是指关系国家的安全利益,依照法定程序确定,在一定时间内只限一定范围的人员知悉的事项。关系国家的安全和利益,是指秘密事项如被不应知悉者所知,对国家的安全和利益将造成各种损害后果。依照法定程序确定,是指国家赋予一定管理职权的单位,根据国家秘密及其密级具体范围的规定,对该事项履行确定密级的手续后,该事项才能作为国家秘密受国家有关法规的认可和保护,特殊情况下,需经有关保密工作部门审定后,确定为密或非密以及属于何种密级。任何不经法定程序产生的秘密事项,都不是国家秘密。在一定时间内只限一定范围的人员知悉,是相对于公开而言的,即尚未公开且被人们加以保密的事项,就是对国家秘密在保密时间和接触范围上的控制,擅自公开或擅自扩大接触范围就是泄密。

3.保密工作

保密工作就是从国家的安全和利益出发,将国家秘密控制在一定的范围和时间内,防止被非法泄露和利用,使其自身价值得到充分有效地实现所采取的一切必要的手段和措施,简言之,是指与国家的安全和利益密切相关的保守国家秘密的一切活动。它包括保密立法,保密宣传教育,建立健全保密规章制度,研制、开发和应用先进的防窃密、泄密的技术设备,依法进行保密检查监督,追查处理泄密事件,以及开展保密工作的理论研究等活动。

4.保密法

保密法就是调整保密关系的法律规范的总称。它有其特定的内容和形式。从内容上讲,保密法是确定、使用和保守国家秘密以及有关各方因此而发生的相互关系的法律规范。从形式上讲,保密法既包括了保守国家秘密的基本法律,也包括了其他一切形式的保密法律规范。因此,保密法可以有两种理解:一种是狭义的理解,保密法仅指《中华人民共和国保守国家秘密法》(以下简称《保密法》),它是保守国家秘密的基本法律;另一种是广义的理解,保密法是一切有关保守国家秘密问题的法律规范的总和。

(1)《保密法》的基本内容

《保密法》是1988年9月5日经第七届全国人民代表大会常务委员会第三次会议通过,从1989年5月1日起开始实施的。这是我国建国以来继1951年《保守国家机密暂行条例》之后,关于保守国家秘密工作的又一部重要立法。《保密法》共分5章,即总则、国家秘密的范围和密级、保密制度、法律责任和附则。其基本内容可归纳为以下几个方面:

①明确了保密工作的基本方针,即"积极防范,突出重点,既确保国家秘密又便利各项工作";

②规定了国家秘密的定义、范围、密级和保密期限;

③规定了保守国家秘密的基本制度;

④对我国当时《刑法》的有关条文作重要补充;

⑤规定了保密工作的管理体制。

(2)《保密法》的意义和作用

《保密法》在我国社会主义法律系中占有重要的地位,它是我国维护国家安全和利益的重要法律武器,对保障改革开放和社会主义建设事业的顺利进行有着重要的作用。主要表现在以下几个方面:

①以国家法律的形式确立了我国保密工作的根本宗旨和基本方针、原则,为保密工作的发展指明了正确的方向;

②划清了国家秘密与非国家秘密的基本界限,确立了确定、变更国家秘密及其密级和保密期限的法律程序,规定了解密的办法,从根本上改变了过去保密范围不清、密级混乱、密级一定终身的违反保密工作本身发展规律的现象;

③为完善我国保密制度提供了法律依据,提出了统一要求,为各级机关、企事业单位制定保密规章制度奠定了基础;

④明确了泄密法律责任,划清了罪与非罪的界限和量刑标准,为及时惩治犯罪和准确打击泄密违法行为提供了法律武器;

⑤以法律的形式确立了我国保密工作的管理体制,确立了我国保密工作部门的地位,为其依法得使职权提供了法律保证。

(3)国家秘密的基本范围

①国家事务的重大决策中的秘密事项;

②国防建设和武装力量活动中的秘密事项;

③外交和外事活动中的秘密事项以及对外承担保密义务的事项;

④国民经济和社会发展中的秘密事项;

⑤科学技术中的秘密事项;

⑥维护国家安全活动和追查刑事犯罪中的秘密事项；

⑦其他经国家保密工作部门确定应当保守的国家秘密事项。

政党的秘密事项中，符合国家秘密诸要素的，属于国家秘密。

(4)国家秘密的等级划分

《保密法》第九条将国家秘密的等级分为“绝密”“机密”“秘密”三级，并原则规定了区分三个等级的标准：

“绝密”是最重要的国家秘密，泄露后会使国家的安全和利益遭受特别严重的损害；

“机密”是重要的国家秘密，泄露后会使国家的安全和利益遭受严重的损害；

“秘密”是一般的国家秘密，泄露后会使国家的安全和利益遭受损害；

(5)国家对公民保密的规定

①我国现行《宪法》第五十三条明确规定：公民必须遵守宪法和法律中的保密规定；

②《保密法》第三条规定：一切国家机关、武装力量、政党、社会团体、企业事业单位和公民都有保守国家秘密的义务；

③《保密法》第二十四条规定：不准在私人交往和通信中泄露国家秘密。携带属于国家秘密的文件、资料和其他物品外出，不得违反保密规定。不准在公共场所谈论国家秘密；

④《保密法》第二十五条规定：在有线无线通信中传递国家秘密的必须采取保密措施。不准使用明码或者未经中央有关机关审查批准的密码传递国家秘密。不准通过普通邮政传递属于国空秘密的文件、资料和其他物品。

4.4.2　军工保密工作

《保密法》规定，一切国家机关、武装力量、政党、社会团体、企事业单位和全体公民都有保守国家秘密的义务。这就明确了保密法律关系主体的范围，这个范围前面冠以一切，表明没有任何例外，公民，法人和其他组织都是义务主体。那种认为保密仅仅是保密部门和保密干部的工作的认识是错误的。军工保密工作应包括以下几个方面。

1.积极防范

积极防范是正确保密工作的事先管理和事后管理二者关系的要求。它要求在保密工作中要把事先防范措施抓紧、抓严、抓落实，以减少窃密、泄密给国家安全和利益造成的损害。这里的事先与事后是指窃密、泄密事件发生之前和发生之后。在实际工作中，应当以事先为主，即防范工作做到前面。各机关、单位在日常工作中，积极防范应该做到：

(1)领导重视并把保密工作纳入议事日程，使其与业务工作同步进行；

(2)建立健全保密规章制度并严格执行，经常督促检查，堵塞泄密漏洞；

(3)坚持经常性的保密宣传教育；

(4)严格保密纪律,及时查处泄密事件;

(5)积极开发和利用先进的保密技术;

(6)及时总结经验,提高保密工作的整体水平。

2.突出重点

突出重点是指在全面贯彻落实《保密法》的基础上,在确定密级、部位和人员等保密工作中应当区别情况,确保最重要的国家秘密和掌握较多国家秘密的单位、人员不出问题。在具体工作中要做到,一是按国家秘密的密级划分,绝密是重点,应当采取比对机密、秘密级的国家秘密更为严格的保密措施;二是对国家秘密相对集中的地区、部门、部位应当加强防范工作;三是对于接触国家秘密较多的领导和经营国家秘密事项的专职人员,应当有更严格的要求。

3.保密教育

军工企业的保密制度无处不在。保密涉及公文保密、会议保密、生产经营保密、组织架构保密、岗位保密、流程保密、通信保密、宣传保密、工作区保密、涉外保密等等,军工企业定期组织相关人员进行保密法制宣传教育,提高保密意识,加强保密管理。保密教育的内容应包括:

(1)党和国家的相关保密工作的方针、政策的学习,《保密法》及其配套法规的学习,其他相关法规中有关保密内容的学习;

(2)保密基本常识的学习;

(3)保密技术、技能的培训;

(4)泄密案例的教育;

(5)保密工作经验的介绍;

(6)实际工作中有关保密问题的探讨;

(7)开发、研制保密新技术、新产品的交流;按照上级下达的文件精神。

2007年,国防科技工业委员会出台了《国防科技工业涉密人员保密行为十不准》,意在强化涉密人员保密意识,规范保密行为,防范泄密事件发生。其主要内容为:

(1)不准将工作中知悉的国家秘密泄露给无关人员;

(2)不准将涉密计算机或涉密移动介质接入互联网;

(3)不准用非涉密计算机传真机处理传输国家秘密;

(4)不准用非保密移动电话普通电话谈论国家秘密;

(5)不准携带涉密载体回家或在家中处理国家秘密;

(6)不准携带涉密载体探亲访友或至工作无关场所;

(7)不准在个人著述或公开的信息中涉及国家秘密;

(8)不准私自复制留存遗弃或向他人出借国家秘密;

(9)不准私自将国家秘密带出国境或参加涉外活动;

(10)不准擅自接受媒体采访或私自与境外人员交往。

4.信息系统保密管理

计算机管理始终是保密管理工作的重点。企业内部应加强办公自动化设备和网络的保密防范措施:一是物理隔离;二是数据加密;三是充分利用系统自身提供的保密措施。网络及办公自动化设备指定专人管理。用计算机打印、存储秘密事项,其软盘应与同等密级的文件一样管理,严格登记、交接、复制、归档及冲销等手续。存储于硬盘中的秘密数据、资料等,要采取安全保密措施。严禁使用电传机和未安装加密机的传真机传送秘密文件材料。经常对涉密信息系统进行保密检查,发现系统运行中的问题及时采取措施。对内部网应做好网络建设和网络的运行管理工作。对网络及办公自动化设备使用人员,定期进行保密法制宣传教育。

国家保密局于 2001 年发布了《涉及国家秘密的计算机信息系统集成资质管理办法》(试行),旨在加强涉密计算机信息系统集成市场的规范化管理,确保涉密计算机信息系统的工程质量和安全。该管理办法规定:涉密系统集成单位必须经过保密工作部门资质认定,并取得《涉及国家秘密的计算机信息系统集成资质证书》。未经保密工作部门资质认定的任何单位,不得承接涉密系统集成业务。中核建设集团公司为了保护总部计算机信息系统处理的国家秘密安全,于 2003 年 2 月 26 日印发了《中国核工业建设集团公司总部计算机信息系统保密管理暂行办法》。办法共十七条内容,根据《中华人民共和国保守国家秘密法》和国家保密局《计算机信息系统保密管理暂行规定》等有关法律法规的要求,结合集团公司总部实际,对集团公司总部在计算机信息的采集、加工、存储、处理、传递、输出等环节涉及国家秘密的计算机信息系统管理作出了全面的规定。

核工业计算机应用研究所继 2002 年 7 月成为中核集团公司首家获得计算机系统集成资质的单位之后,于 2003 年年初又获得国家保密局颁发的涉及国家秘密的计算机信息系统集成资质证书,成为中核集团公司首家具有涉密计算机系统集成资质的单位。涉密系统集成资质的认定,是对一个单位从事涉密系统集成工程所需要具备的综合能力的评定,包括人员构成、技术水平、管理水平、技术装备、服务保障能力和安全保密保障设施等要素。目前全国约有 200 余家单位通过了涉密系统集成资质认证,北京市共有 40 余家获得认证,其中仅有 3 个事业单位通过认证。

中国船舶重工集团公司七一八所制定了《保密管理制度汇编》和《保密管理制度实施细则》,共包括 11 个保密管理制度和 12 项保密专项规定。2004 年以来,七一八所根据国家和上级的保密法规,结合工作实际及时调整了部分制度条款和审批表格内容,并相继修订了《便携式计算机和移动存储介质保密管理规定》,制定了《涉密项目对外协作保密管理规定》、《七一八所保密工作奖励及处罚实施细则》、和《七一八所反奸防谍工作五项制度》等 11 项安全保密管理制度。

第5章　核工业企业安全文化

5.1　企业安全文化

5.1.1　企业安全文化的概念和范畴

据英国健康安全委员会的定义：一个单位的安全文化是个人和集体的价值观、态度、能力和行为方式的综合产物。因此，安全文化和企业文化同样都是凝聚人心的无形资产和精神力量、企业实现可持续发展的灵魂和推动力，是员工精神、素质等方面的综合表现，是企业管理的基础和发展之宝。

安全文化是军工文化的保障性特色内容。安全文化的核心是树立“关爱生命、安全发展”的理念。安全文化包括努力形成以安全发展为指导的安全价值文化，强化激励约束机制的安全策略文化；落实企业责任主体和政府监督主体的安全责任文化；“严是爱、宽是害”的安全管理文化；“居安思危、惊钟长鸣、防微杜渐、安如泰山”的安全警示文化；“高高兴兴上班来，平平安安回家去”的安全和谐文化。

企业安全文化是企业在长期生产经营活动中逐渐形成的或有目的人为塑造的，为企业全体员工所认同、接受和遵循的，具有企业特色的安全生产与生活的精神、观念、行为及物态的总和。它基于“大安全观”和“大文化观”概念，在安全观方面包括企业安全文化、全民安全文化、家庭安全文化等；在文化观方面既包含精神、观念等意识形态的内容，也包含行为、环境、物态等实践及物质的内容。它以强调全面提高人的安全素质为核心，以具体的形式、制度和实体为表现载体，以对企业的安全生产系统进行全方位、立体式协调管理为任务目标，以最大限度地减少生产事故、保障企业安全生产为目的，在内涵和外延上具有明显的层次性和广泛性。企业安全文化包含四个基本组成部分。

(1)企业安全物质文化

指企业生产经营活动中所使用的保护职工身心健康与安全的工具、设施、材料、工艺、仪器仪表、护品护具等安全器物。例如，防毒器具、护头帽盔，防静电、防辐射的特制套装等个体防护用品护具；各类超限自动保护、引爆装置等安全设备装置；阻燃、隔声、隔热、防毒、防辐射、防电磁材料及其检测仪器，本质安全型防爆器件、光电报警器件、热敏控温器件、毒物敏感显示等安全防护器材、器件及仪表；有害气体报警仪、瓦斯检测器等各种预警预报装置。

(2)企业安全制度文化

指企业为了保障生产及经营活动过程中,人、物和环境的安全而形成的较为稳定和完善的各种安全规章制度、操作规程、防范措施、安全教育培训制度、安全管理责任制,以及其他涉及安全的厂规、厂纪等。另外,也包括安全生产相关法律、法规、条例及有关的安全卫生技术标准。它是企业安全生产的运作保障机制重要组成部分,具有科学性、原则性、规范性和时代性特点,是企业安全精神文化物化的体现和结果,是物质文化和精神文化遗传、涵化和优化的实用安全文化。它体现在企业安全生产责任制的落实;国家劳动安全卫生法规的贯彻执行;企业自身的安全制度和标准化体系建设等方面。

(3)企业安全精神文化

包括企业安全意识形态、安全的思维方法、安全生产经营活动心理素质;安全生产经营活动心态与环境、企业安全风貌、企业安全形象、企业安全科技水平、企业安全管理理论、安全生产经营活动的机制、安全文明氛围;安全文学、艺术;安全自然科学、安全社会科学等。从本质上看,企业安全精神文化是企业员工安全文明生产、经营活动的思想、情感和意志的综合表现,是员工对安全认知能力与辨识结果的真实体现,是员工长期实践所形成的心理和思维的产物。

企业安全精神文化,反映在"安全第一、预防为主"方针的贯彻,对安全法规和企业安全规章制度执行的态度和自觉性上;反映在企业的安全形象的塑造、安全目标的追求和企业员工的安全意识、安全素质的培养和提高上;反映在安全生产的全过程中,保障安全操作和产品安全的安全质量上;反映在自觉学习安全技能,对自救互助应急训练的热情、对企业安全承诺以及承担维护安全的义务和行动上。

(4)企业安全价值及行为规范文化

包括员工对安全的价值观及其安全行为规范。企业的安全价值观是一种或明确或隐含的观念,是对事故的真假、好坏、善恶、美丑等方面所做出的倾向性表现,以及对其实质问题在内心所形成的习惯性主观判断。这种潜在观念制约着人在安全生产实践活动中的一切愿望、选择、目标以及行为方式。安全价值观反映在人的外在行为上,形成公认的安全价值愿望,反馈于心、融于思想,引导思维、制约行为,逐步形成了社会化的安全行为标准或原则,并进一步演化为社会及大众公认的安全行为规范和安全价值标准。安全行为规范表现为安全理论观念、安全行为准则、职业道德标准、科学的习俗和风貌,甚至包括企业安全生产对社会应负担的道德责任等,它是企业安全精神长期作用于员工的结果。企业安全价值及企业安全行为规范是企业安全文化的特质和核心。

1.企业安全文化与企业文化的关系

企业安全文化是企业文化的重要组成部分,企业安全文化建设依赖于企业文化基础上,没有企业文化的兴旺与发展,企业安全文化也就没有了根基。因此要搞好企业安全文化建设,就必须使之融于企业文化建设之中,纳入企业文化的发展规划、决策,渗透到企业文化建设诸项内容中去。同时企业安全文化建设的好与坏,与企业文化的建设有着密切的关系。纵观一些企业安全文化建设时好时差,究其原因主要是因为安全文化建设游离于企业文化建设之外,没有真正融于企业文化建设之中,没有融入企业发展规划,或者是因为企业文化的建设只是浮于形式,这样企业安全文化建设就不可能得到企业员工的真正认同,往往造成停滞不前的局面。甚至有的企业在面临着生产、经营、效益诸多不好因素、企业的安全管理工作机构设置、人员编制度精简、经费安排等被削减、削弱的情况下,企业安全文化建设处于一种瘫痪状态。所以我们倡导企业安全文化一个重要前提就是要弄清企业安全文化与企业文化的关系,一方面企业安全文化融于企业文化建设之中,要搞好安全文化建设,必须要认真搞好企业文化建设,另一方面建设好了企业安全文化会进一步推动企业文化的蓬勃发展。

2.安全文化与企业安全管理的关系

安全文化与企业安全管理有其内在的联系,但安全文化不是纯粹的安全管理,企业安全文化也不是企业安全管理。企业管理是有投入、有产出、有目标、有实践的生产经营活动全过程。企业安全管理是企业管理全过程中的同步进行的功能系统,企业安全文化是企业安全管理的基础和背景,是理念和精神支柱,企业安全管理的哲学、管理者与被管理者的安全素养、安全管理的伦理道德等这些无形的高尚境界却都用安全来培养、影响和造就。安全文化与企业安全管理是互相不可取代的,那种误认为提倡安全文化,企业安全管理就可以不要了,或认为企业安全管理落后了、过时了等等观点是十分错误的。

要抓好安全生产工作,决不能忽视非生产领域的安全,安全文化是一个内容极为丰富的范畴,特别是人的安全思维、安全意识、安全心理、安全行为、安全法制观念、安全科技水平等体现了当代大众的安全文化素质,由于经济基础,物质条件、管理方法、科技进步、人员素质等方面的局限性,往往造成了对事故和风险分析与判断的失误,因而使事故隐患仍普遍存在。提高员工的安全文化素质应该是预防事故的高效而明智之举,安全文化是安全生产的基础,企业安全文化氛围的形成必然推动安全生产的发展。

预防事故和意外灾害的发生是技术问题,是管理问题,是认识问题。归根结底是人的问题,是人的安全文化素质问题。近 20 年来,世界军事工业,航天工业,核工业及原子能发电站的快速发展,意外灾害和重大事故带来了巨大损失和意想不到的恶果,人们清醒的看到,做好安全生产工作绝非是一种简单命令或强制手段就能奏效。1990 年前后,国际原子能机构的一些专家、学者提出了安全文化的理论和安全科学方法,1992 年我国核工业及中国劳动保护科学技术学会的一些专家也开始探索和研究安全文化。

3.企业安全文化建设的必要性与重要性

(1)企业推行安全文化建设的必要性

①企业安全文化是企业安全生产的重要保证

随着企业经营机制向社会主义市场经济体制的转变,我国的安全生产管理机制也由原来计划经济管理的"国家监察、行政管理、群众监督"这"三位一体"体制转变为"企业负责、行业管理、国家监察、群众监督、劳动者遵章守纪"的新模式。这种工作体制表述方式的改变,说明在建立市场经济运行机制的条件下,企业作为生产经营活动的主体所应承担的安全责任。企业是安全生产的主战场,"企业负责"就意味着加重了企业对安全生产工作的责任。"劳动者遵章守纪",强调了人的重要性。要由计划经济下被动的"要我安全",转变到市场经济下"我要安全"的高度。这种高层次的安全意识,是现代化大生产的客观要求,是企业自我完善、自我约束、自我发展的需要。早在1994年6月,劳动部部长李伯勇就已经提出:"要把安全工作提高到安全文化的高度来认识",这就要求企业全体人员都要具有高度的安全文化素质,具有现代安全价值观和行为准则。如何落实"安全第一",如何有效地减少人为失误,那就是要提高安全文化。

事故致因理论和实践证明,绝大多数事故是由于"人的不安全行为"与"机器或物质的不安全状态"在同一时空相遇而发生的(例如,没戴眼镜或面罩的工人,在打开防护门操作或防护门损坏,被啤酒瓶爆伤眼睛);少数事故是由于"人的不安全行为"遇到"环境的不安全条件"才发生的(例如,冒冒失失的工人在昏暗的路灯下,不慎跌入未盖盖儿的污水井中);更少数事故是由于"机物的不安全状态"处在"环境的不安全条件"下被引发的(例如,较干燥的硝化棉在气温高的仓库内自燃引起火灾)。这就是构成事故的三因素:人员——机物——环境的关系。在这三者中,"机物""环境"相对来说比较稳定,唯有"人"是最活跃的因素,他又是操作机物、改变环境的主体,因而,紧紧抓住"人"这个活的因素,提高他们的安全文化素质,是企业安全生产的重要保证,是做好安全工作的关键。人的安全素质包括安全生理、安全心理、安全技术及安全文化四个方面,其中安全文化素质是另外三项素质的整合环节,它的功能是将人的四项素质整合为整体素质,即安全素质系统。人员本质安全化就是使生产者具有与生产系统相匹配的安全素质系统,使人、机、环境达到最佳的安全匹配,实现人机环境系统本质安全化。

②企业安全文化在生产活动中能形成"自控机制"

企业安全文化在生产中能形成安全文化力场,这个场以安全第一的观念作用于生产中的每一个人,如果企业建立起浓厚的安全文化环境,不论决策者层、管理者层还是一般员工,都会在安全文化场的约束下规范自己的行为。企业安全文化就像一只看不见的手,凡是脱离安全生产的行为都会被它拉回到安全生产的轨道上来。在生产中违章作业发生了事故,人们在分析违章的原因时常说:"违章者缺乏遵守安全规章的自觉性"。这自觉性就是人的意志品质,是指人能意识到自己行为目的和意义程度的大小,由于这一区别,人们即使面临同一个环境却会采取不同的行为方式。这种支配行为能力的形成,主要取决于人的安全文化素质。人们有了高度的安全文化就会认识到:安全是发展经济的前提条件之一;理解安全在改革开放中重要地位,体验出"伤亡是不能用经济效益弥补的"这一观念的深刻含义;感觉到自己对自己、自己对他人安全应承担责任;进而明确自己的安全规范。安全文化场把安全的价值观和安全行为准则上升到人的自我实现的需要,上升到成为激励人们为之奋斗的目标动机,调动人的潜能、理想、抱负和意志，主动自我完善安全第一的观念。企业安全文化场的水平标志着企业现代化的水平，标志着企业文明管理的水平。

③企业安全文化是安全管理的灵魂

企业安全文化是安全管理的基础。只有当员工具有安全文化，具有安全意识、安全素质，安全管理才能理顺。企业安全文化是将管理的诸要素耦合而构成现代安全管理的结构，企业安全文化渗透在管理的每一个要素中，决定着每一个要素的功能强度，就像黏合剂一样，把其余要素合成为一个整体，使安全管理系统发挥出整体功能。只抓制度化管理系统的建设而不适时地辅以文化观念等“软”因素的培养只是一种权宜之计，一个没有企业安全文化基础的管理即使当时十分有效，也是暂时的现象，会因管理者的变更或时间的推移而迅速滑坡。

企业安全文化是渗透在安全管理一切活动中的灵魂所在。安全管理主要是管人，管人最好的方法不是简单地利用一些条条框框，而是要在完善必要的规章制度的基础上，运用文化的微妙影响。安全文化能为职工提供安全生产的思维框架、价值体系和行为准则，使人们在自觉自律中舒畅地按正确的方式行事，规范和控制人们在生产中的安全行为。

(2)现代企业大力推行安全文化建设的重要性

安全生产是关系人民生命的大事，是关系到经济建设和社会发展的大事，是关系到政治社会稳定的大事。安全生产责任重于泰山。人民群众的生命安全是人民的最大利益。试想，以牺牲人民群众的切身利益为代价来换取经济效益，又有何意义呢？江总书记“三个代表”的理论，深刻阐明了人民群众利益的重要性。维护职工的生命安全是企业的头等大事。要确保安全，必须推行安全文化。

从文化建设的角度看，企业就相当于一所学校，厂长是校长，管理人员是教师，学校的水平取决于校长和教师的水平，首先是校长的水平起着决定性的作用，校长应当是既有见识又很明智，既有较高的安全文化素养又具有较强的安全管理能力的领导者。作为担任施教任务的各级管理者，应在不断地选择、培养过程中，形成企业安全文化的中坚力量。企业决策层及管理层具有较高的安全文化，才能在企业中有序地建设企业安全文化场。企业安全文化场相当于学校的整体素质和校风，具有治厂严谨的安全文化场，才能造就出品学兼优的安全生产力。

对一个企业来说，安全生产是第一位的，没有安全就没有企业的一切。企业安全文化是企业成功的“秘密武器”。安全文化是在工业社会生活及生产活动管理中完成其安全价值功能的。它对于企业既是一种现代安全管理思想，又是一种有效的安全管理手段；它反映在生产现场既是有形的安全规范，又是无形的安全文化场，因此它是完善安全管理体制与完善人员行为素质，建设现代安全管理模式的基础。建设安全文化既是现代工业社会管理及企业管理的需要，也是社会及企业健康发展的需要。所以，现代企业应大力推行安全文化建设。

5.2 核安全文化

5.2.1 核安全文化的由来

美国三哩岛、前苏联切尔诺贝利核事故的惨痛教训,促使国际原子能机构高度重视核安全问题。1986年出版的安全丛书《切尔诺贝利事故后审评会的总结报告》中,首次列出了“安全文化(Safety Culture)”一词,并在1988年出版的安全丛书《核电厂基本安全原则》进一步得到阐述。核安全评审系统分析发现,“核安全文化”不仅包括人的安全知识、安全技能和安全意识,还包括人的观念、态度、品德、修养及其深层次的人文因素和素质,而这些因素和素质正是人们安全文化的反映。因此,要保证人的行为,工程设计、设施及其运行等物项及生产条件的客观与本质安全性,需要从人的基本素质出发,进行系统的核安全文化建设,这才是保证核设施安全生产的根本所在。

核工业生产,核能开发利用,安全性是其发展的重要保证。在核工业生产实践中,不仅要有切实有效的安全技术和工程设施、设备仪表、监控系统等安全“硬”措施,还需要严格的安全管理、安全法规、安全培训等安全“软”技术。核安全文化的教育必须与贯彻执行“安全第一,质量第一”的安全生产方针、经常性开展安全生产活动和敬业爱岗结合起来。

引进核安全文化的概念,以及使用这些概念的手段,其目的是为了“建立一种超出一切之上的观念”,即对核电厂安全问题的重要性得到保证给予应有的重视。要提倡真正的核安全文化,必须把它扎根于每个职工的思想和行为中,尤其是领导层。有了这种态度和行为规范,就维持了一种自律,可把安全加强到高于方法和监督管理要求的程度,而不是把安全看作是国家政府、主管部门和监管机构的外部要求,是一种监管压力。所以核安全文化比传统安全活动有所不同。

从核安全文化建设考虑,核安全比传统安全活动更加强调要解决人的基本人文素质问题。需要全体员工的参与和团队精神,尤其是包括决策层、管理层的责任和个人的响应。核安全文化建设含有安全工程、安全技术和本质安全等硬件手段和软件技术,比传统安全活动(包括安全管理、安全法制、安全培训、安全教育等方面)提出更高、更严的要求,也使之更加具有科学性、系统性和可靠性。

核工业初期,核安全的重点在技术方面(强调设计、设备和规程的质量),管理、培训等软环节未受重视,导致多次临界事故,特别是1979年3月28日美国三哩岛核电站严重事故。

为防止和减少人的失误,人因工程得以发展,即技术因素和人的因素结合起来,核电领域注意到操纵员、人机接口和硬软环境组成的整体,科学地进行仪表的选择和台盘的布置,制定了更加完善的运行规程和应急操作规程,加强了操纵员的培训,共同保证核电站安全。安全文化的一般认识:人的安全知识、安全技能和安全意识。而安全文化的真实内涵则是观念、态度、品德、修养及其深层次的人文因素和素质。

要保证人的行为,工程设计,设施及共运行等物项及生产条件的客观与本质安全性,需要从人的基本素质出发,进行系统地核安全文化建设。人的失误和人的违章统称“人因错误”。核电站超过50%的安全重大事件是人因错误导致。核安全文化作为一项基本管理原则加以推广,以防止和减少人因错误。

核安全文化对核领域有着举足轻重的作用,重视并加强核安全文化建设,就会带来丰硕的核安全的有形成果;忽视核安全文化建设,就必须会带来不良的严重后果。政府主管部门、营运单位、核工业企业及其他协作单位,都必须对核安全文化加以普及和应用。

要想核安全文化给企业带来安全效应,必须以安全生产设备及过程控制的质量为重点,以可靠性和安全性为目标,规范人的行为,以预防人因失误为核心,只有全体员工致力于“安全第一”的目标,才能获得最高水平的核安全。

核电站的“安全文化”是国际核能界在三里岛和切尔诺贝利事故后,结合“企业文化”的管理思想,提出的这一新的安全管理思想和原理,它是传统的纵深防御原则的扩充,也是安全管理思想的一次重大变革。大亚湾核电站从运行初期安全管理制度就是建立在“纵深防御”和“程序管理”的安全管理思想上的。即认为设备、人和管理都是可能出现失效的,为把这种失效的可能性减为最小,除提高设备质量、人员素质和改进管理外,还必须采取一系列的防范措施,即预防、监督和在万一出现失效时必要的响应对策。

5.2.2 核安全文化建设

1.核安全文化建设的范畴

我国核安全文化建设,是随着核电站建设而发展的。在核工业安全领域中,为了保证核电站的安全、稳定、经济、运行,重视设备维护,严格管理,自觉接受国际原子能机构和国家核安全管理当局监督,而提出的一种保障核电站安全生产的新的对策,是安全系统工程和现代科学安全管理的一种新思路、新策略。它源于人们对核安全重要性的认识,是客观发展的需要。安全文化定义为单位和个人所具有的素质和态度的总和,其中核设施安全问题被视作首要大事。核安全文化建设的范畴归纳为如下几个方面。

(1)核安全文化的观念

科学技术是第一生产力,安全亦是生产力。核安全是核科技工业的生命线,安全是永恒的主题,安全就是效益。要树立安全意识、防患意识、自保意识,做到风险代价和利益分析,确保安全生产。

(2)核安全文化的物质基础

从核工程工艺流程的选择,工程设施的建造,设备的安装以及调试运行等方面,要打好基础,保证本质安全所使用的技术和安全设施、装备等物态本身具有可靠性。因此,营运单位及协作单位(包括设计、制造、施工和研究单位),其主要责任就是要保证建筑质量、产品质量和运行安全。其中包括精心设计、精心施工和精心运行。安全分析报告和环境影响报告评审及其软件的开发,均需保证物态的安全可靠性,这是执行指令性政策和实践活动,保证安全的根本。

(3)核安全文化的行为表现

所谓核安全文化体现在核设施营运单位和个人的种种特性和态度的总和。其行为表现在全员职工的献身精神和责任心,充满“安全第一”的思想,具有科学的安全思维;强化高质量的安全培训学习,讲究内在的探索态度,谦虚谨慎,精益求精,以鼓励从事核安全事务(活动)方面的个人责任心和整体自我完善;严格遵守安全法规与标准,保持良好的工作方法,进行科学的实践行动或安全指挥;具有高度的警惕性,实时的见解,丰富的知识,准确的判断能力和强烈的责任感。正确履行其神圣的安全重要职责,并努力改进与提高核安全文化水平。

2.加强核安全文化建设的手段

加强核安全文化建设,达到安全目标的要求,使用的手段是多种多样的,归纳如下几个方面:

(1)管理手段

安全分类管理、安全目标管理、安全事故管理、监督与监测管理、安全信息管理,以及实施管理改进,向国际接轨。

(2)行政手段

国家审管,行业管理,责任制度“三同时”,安全机构设置,资源配置,经费保证等。

(3)技术手段

为了保证核设施安全运行,确保机组、设备正常完好的工作状况,除重视维护好设备外,岗位人员认真执行巡检、监盘记录、交接班规定,由独立的安全与质量监督部门派出技术人员跟踪、监督和检查,发现异常和运行事件及时报告、组织调查、分析原因,提出纠正措施。具体落实到事故预想、设备维护、人员培训和规章制度的修订工作中去,直至使安全问题得以彻底解决,实施中长期重大安全技术改造计划,保持核设施有效运转。

(4)培训与教育手段

以人为本,激励人、塑造人、培养人。对人员资格审查,按照选择和任命程序,保证领导和工作人员具有合格水平。特别是关键岗位特殊工种,要具有令人满意的资格,并对人员进行定期培训与复训。开展核安全文化教育,将安全文化教育与安全生产活动结合起来,联系身边发生的安全运行事件,增强核安全意识,提高安全生产自觉性,弘扬团队精神,塑造并树立核企业的良好形象。

3.加强核安全文化建设的要求

(1)对决策层领导者的要求

决策层领导者要负决策责任,要制定与发布安全政策,建立健全安全管理体制,提供人力、物力资源;不断地进行自我完善,保持高度的领导艺术;要承诺所有与核安全有关的重要物项(活动)均应达到优秀的程度,表明保证核安全具有最高的优先权。

(2)对管理层干部的要求

安全生产监督管理部门及有关部门,要有明确的职责分工,依照有关法律、法规的规定,对涉及安全生产物项需要审查批准;组织人员培训和人员资格审查,开展安全生产监督检查,落实奖惩制度,表彰先进单位和个人;安全生产监督管理干部应当忠于职守,坚持原则,秉公执法,以推动安全生产顺利进行。

(3)对基层职工的要求

在传统安全文化活动的基础上,强化基层班组建设;认真开展"三级"教育、"四不放过"教育、特殊工种教育、日常性教育、全体员工教育;建立许可证制度,关键岗位要持证上岗;不断开展技能训练,班前安全活动,以及"仿真"演习等。

(4)对核设施现场的要求

保持现代核企业的良好形象,要求核设施现场高雅大方,整洁安全,绿化环境,体现核安全文化素养,现场要设有安全标语(旗),安全标志,电离辐射标志,事故警示牌;工艺技术条件流程显示图,操作运行日志、软盘;安全生产报,安全竞赛,安全文艺;一切物品布置合理,控制系统和信息系统灵通;具有良好的营运理念,行为规范,公而忘私,知识管理,为国奉献。

5.3 核工业企业安全管理

5.3.1 核工业企业安全体系的形成

我国核工业创建于1955年,到目前已经形成一个完整配套的核科技工业体系,安防、环保、卫生事业是其中重要的组成部分。在党和国家的重视和支持下,核工业安全防护、环境保护和职业卫生事业取得了很大发展。几乎在创建核工业的同时,就组建了辐射防护和预防保健机构;逐步培养了一支科学研究和监督管理队伍,造就了一批在国内外有知名度的专家;制定了一整套与国际接轨的安全防护、环境保护和职业卫生法规和标准体系,形成了有效的监督保障和自我约束机制。50多年来,由于认真贯彻了以防止发生重大核事故和辐射危害为中心的指导思想,坚持"安全第一、质量第一",在各级领导和全体职工的奋发努力下,核工业保持了良好的安全记录,至今未发生过急性照射致死事故,也没有发生过造成严重后果的环境放射性污染事故。工作人员和核设施周围居民所受辐射照射,基本上都控制在国家标准以下,保证了核工业职工和核设施周围居民的安全和健康。

我国核工业发展,从科学研究和开发铀矿资源开始,相继开展核工业工程建设。减少辐射危害、预防职业病、防止放射性污染的问题从一开始就提到了议事日程。1959年,二机部党组提出"生产未动,防护先行"的方针,并决定在五局(科技局)设立辐射防护处,在八局设立劳动保护处,分别负责二机部的辐射防护和劳动保护工作,与此同时,二局、三局、十二局等生产管理部门也先后成立了安全防护处(科)。1960年,国务院批准颁布了《放射性工作卫生防护暂行规定》。1960年10月,中央批准同意成立放射卫生防护管理局,并调集、培训和配备了相关干部和专业人员。1961年,二机部召开第一次卫生防护工作会议,要求各单位迅速建立安全防护和卫生医疗的基层组织;切实把好设计、施工的卫生防护关,建立验收制度;在进行试车、试生产时,必须认真做好安全防护工作。

核工业安防、环保、卫生系统广大职工多年来坚守工作岗位,克服重重困难,坚持为现场生产建设服务。科研人员下厂矿了解安全防护情况,解决生产建设中存在的问题。应用研究的成果,针对实际问题,促进现场安防措施改进,提高辐射监测、个人防护、通风技术等水平。加强职业危害因素的监测与评价,医务工作人员多次组织医疗队,深入厂矿,巡回医疗,积极为基层服务。

为了评价核试验的环境影响,有关单位派出放射防护、放射医学和辐射监测等方面的专业人员到试验基地参加辐射监测、放射性去污和生物效应研究等工作。

在核设施选址和"三废"处理方面,积极开展科学研究和调查工作。设计中考虑了放射性废气、废液的处理及固体废物的暂存设施,并进行了核设施运行前后的环境监测。在三线建设中,按照中央领导关于"三废问题一定要解决好"的指示,有关单位认真开展科学研究,制定规划,多方论证。大部分工厂在投产前做了大气扩散和江河稀释试验,"核工业30年辐射环境的质量评价"表明,核设施周围的环境状况是良好的。

为了加强核临界安全管理,二机部成立了核临界安全技术组,完成了我国第一批核工厂建设和运行中的临界安全设计和临界安全控制工作。50多年来,核临界安全工作从无到有,不断改进与提高,基本形成了具有自身特点、保持相对稳定的核安全监管体系,使核工业在临界安全领域获得较好的记录并保证了核燃料循环各环节的安全生产和运行,解决了许多后建核工厂的设计和运行中的核临界安全问题。在核工业燃料循环生产系统中,没有因临界事故而伤亡一个人,也没有损坏一台设备,这是我国主管部门及其有关单位加强管理并付出了很多的人力、物力的代价而换取的成果,也是开展我国核临界安全工作业绩显著的标志。

党的十一届三中全会以后,核工业实施重大战略调整,发展核电是核工业实施战略调整的重要方面。1984年10月30日,国务院批准成立了国家核安全局,主要任务是对国内民用核设施设计、建造和运行进行审查与监督,以保证我国和平利用核能事业安全、顺利发展。

随着核能开发、核科学技术广泛应用和核设施退役和放射性废物处理处置工作的逐步开展，我国核工业活动领域不断扩展。它不仅表现在核活动内容、规模上，而且地理位置也在变化，老核工业基地在边远地区，人口稀少，而核电厂在东南沿海人口稠密区和经济发达区，这种变化趋势必然对安防环保卫生工作提出更高的要求。随着我国法制化建设进程和公众安全环保意识的提高，随着我国核安全和辐射防护标准与国际的接轨，我们在保障工作人员、公众健康与安全、保护环境、保护生态等面临新的挑战，这种挑战也是改进与提高核工业安全防护、环境保护和职业卫生水平和能力的良好机遇。

在中核集团公司开展的发展战略研究工作中，作为集团公司发展战略研究的一个支持子课题，集团开展了核安全保障的研究工作。针对核工业发展过程中涉及的各个核安全环节，分专题对反应堆设计和运行安全，乏燃料、放射性废物管理及核设施退役，以及临界安全、辐射防护与监测、核环境安全、放射性物质运输等方面进行了研究，并提出了中长期发展目标和需要开展的重点工作。

建立科学的核与辐射安全监管体系，制定和完善核与辐射安全法规和标准体系，加强核与辐射安全、环境保护、放射性废物管理和放射医疗的研究工作，保障核能开发利用和重点工程中的安防环保工作，提高核与辐射安全技术后援能力和水平。1986 年以来，陆续组建的核工业辐射防护仪器、仪表检测中心、环境监测与评价中心、个人剂量管理服务中心、辐射防护与核安全培训中心、核事故应急技术支援中心、职业病登记中心、核临界安全中心和核工业辐射损伤医学应急中心等机构，为安防环保卫生工作提供了有力的技术后援。公司还积极推进职业安全卫生管理体系（OHSMS 18000）和环境管理体系（ISO14000）建设，它们对促进核工业现代企业制度的建设、建立预防为主、持续改进的安全生产自我约束机制和长效机制具有重要意义。

为了保障核工业可持续发展，集团公司各级领导和广大职工贯彻落实《安全生产法》、《职业病防治法》、《放射性污染防治法》和国家《电离辐射防护和放射源安全基本标准》等法律法规和标准，认真实行安全生产目标管理，层层落实安全生产责任制。在加强核电站、研究堆、核燃料循环设施等方面的日常监督管理的同时，重点加强重大事故隐患的安全监督和整治，特别是退役核设施、放射性废物和放射源等。同时在国家有关部门的支持下，加大投入进行安全技术改造和安全生产基础设施改造，使安全生产基础得到一定程度的加强。

由于核设施包容着放射性物质，存在着潜在危险性，即使发生核事故的相对几率非常低，也不能保证绝对不发生核事故。为了做好核应急计划和准备，保证即使在发生核事故的情况下，也能够迅速采取必要的应急响应行动，将放射性危害减少到最低的程度，有效地保护工作人员、保护公众、保护环境，我国签署了两项有关的国际公约：《及早通报核事故公约》和《核事故或辐射紧急情况援助公约》。

扩大对外交流与合作，特别是 1984 年我国加入国际原子能机构后，在核安全、辐射防护、环境保护等领域开展的多边和双边合作，对改进和提高我国的安防环保卫生水平具有重要作用。国际上，在核安全方面总结的一些更严格完善的核安全保障原则已在我国遵循，如纵深防御原则、多道屏障原则和安全文化原则，即在核设施的所有人员中树立起一种观念：安全高于一切,并且把这种观念具体落实到各项生产活动之中。我国已加入了国际《核安全公约》,核电站的安全接受国际监督。

核安全是受世人瞩目的敏感问题,确保核设施的安全运行是核工业永恒的主题。50年实践表明,我国核工业处于良好的安全稳定运行状态,向公众显示了核工业是安全清洁的行业。核能是安全清洁的能源。只要树立科学发展观,坚持以人为本,安全第一,牢固树立核无小事,核安全是核工业生命线的意识;牢固树立风险意识;在工程技术和管理上采取严密的措施,具备健全的安防、环保、卫生体系和应变能力,就能确保核工业安全生产。保障工作人员和公众的安全健康,保护环境,保持中国核工业是安全行业的信誉和良好形象。

5.3.2　核工业企业安全管理措施

核工业企业安全管理制度的建立是有效防止和减少生产中的安全事故,保障每个工业企业职工在劳动过程中的安全与健康。近几年是核工业结构调整力度比较大的阶段,一方面一些单位要属地化,交给地方;另一方面,核工业内部的产业结构也会有一个比较大的调整。在这个改革、调整、属地化的过程中,做好调整企业的安全管理工作,特别是关、停、并、转的企业,是确保核工业企业持续、稳定、健康发展的一个重要条件。核事业需要安全来确保,核事业的发展需要安全来维护。为全面搞好核工业的安全生产工作,中核集团公司在安防方面在做以下几个方面的工作。

1.继续实行安全生产目标管理

(1)预防并杜绝重大核事故、辐射事故、严重的环境污染事故和特大伤亡事故发生,保持核电清洁、安全的良好形象。

(2)控制每年因工死亡人数不超过22人。

(3)控制职业性外照射年人均有效剂量小于3 mSv,年集体有效剂量小于12人·mSV。

(4)控制核设施流出物排放所致公众年人均有效剂量小于0.25 mSv。尘毒危害控制在国家标准之内。

(5)加快核设施退役和放射性废物治理进程,以缓解放射性废物对环境的潜在危害。

2.进一步落实各级人员安全生产责任制

健全安全生产规章制度,依法严肃查处各类事故。各单位进一步明确责任,完善和落实各级安全生产责任制,搞好安全生产,减少事故的发生。必须明确管生产必须管安全的原则,各单位一把手是安全生产的第一责任人,主管安全的领导负领导责任,安全职能部门负管理责任,进而落实各级人员的安全生产责任制。

做到有章必循、依法办事。对于发生的事故,要严格按照“四不放过”原则,严肃处理。对发生重大、特大事故的单位，不仅要追究事故直接责任者的责任，还要追究领导者和管理者的责任。

3.突出核安全，确保核电站和其他核设施的安全运行

核电要发展，关键在自身。核安全是核工业的生命线，一定要确保核设施的安全运行。要从讲政治的高度，保持核电良好形象。核电站要制定中长期改造计划，抓好隐患的消除和系统整改工作。要高标准，严要求，逐步与国际管理水平接轨。同时做好核事故的应急准备工作，坚持积极兼容，保持常备不懈。

目前，核工业几十个正在运行的核设施，特别是研究试验堆等，有的已超期服役，安全系统功能下降，潜在事故隐患较多，直接危及核设施的安全。必须加强在役的研究堆、核燃料元件生产线、铀同位素分离和铀矿冶等设施安全运行，强化安全监督管理，消除与防范潜在事故隐患。对新建项目，要坚持“三同时”制度，把好安全审查关。

4.加大安全检查力度，加强对重大事故隐患管理，杜绝重大、特大事故发生

各单位要将事故隐患的监控和整改纳人今后安全工作的重要议事日程，并要制定定期安全检查计划，加大安全检查力度。近几年，集团公司各单位通过各种安全活动，开展了一系列的安全大检查，对一些事故隐患进行了整改，对查出的问题和事故隐患要明确责任，并要采取切实有效的防范措施。

针对安全检查中查出的不符合安全生产条件的问题，采取有效治理防范措施，狠抓落实。

经常组织“回头看”工作，检查落实情况，对隐患没有排除的，该停运的一定停运。对于隐患治理的专项经费，加强财务管理，严禁挪为他用。

5.健全安防管理机构，加大教育培训力度

加强安防队伍建设。正确认识安全工作对企业发展的重要意义，正确认识安防机构和安防管理人员的地位和作用，配备懂专业、会管理、责任心强的安全管理人员，强化管理和监督，保障安全生产。

第6章　核工业企业环境管理

6.1　核工业与可持续发展

6.1.1　可持续发展的由来和内涵

人类社会工业及经济的飞速发展,给我们带来巨大物质财富的同时,无节制的、粗放型的乃至掠夺式的不断再生产也造成了资源的过度消耗,人类赖以生存的生态环境遭到日益严重的破坏,资源逐渐耗竭、气候变暖、臭氧层破坏、酸雨等一系列环境问题困扰着人类,轰动世界的公害事件不断涌出,并引起社会的普遍忧虑和关注。

环境污染是由于天然或人为的原因,使得环境中某些成分的含量超过正常标准或者引入原来不存在的物质,从而对人类或生态系统产生了有害的影响,使环境质量不断恶化,造成环境污染。工业"三废"(废气、废水、废渣)是工业污染的主要因素。

人类的经济发展和社会进步不能超越资源与环境的承载能力,人类追求的是自然—经济—社会三维结构复合系统的持续、衰退,社会系统离开经济系统的支撑,社会将走向原始,资源与环境系统离开繁荣的经济与人类社会,也就失去自身的价值。并且,当生态系统失去平衡时,需要经济能力和科学技术使生态系统得到恢复和改善。许多国家和地区都先后经受了或仍正在经受着人与自然的冲突。发展与资源环境相对立及其恶性循环所造成的种种威胁和损害,唤醒了人们对资源环境危机的警觉性,也正在改变着人们的资源环境价值观和经济社会发展观。为此,各个国家纷纷加紧立法及其相关学科的研究工作。

自20世纪60年代以来,为了保护和改善生活环境和生态环境,防治环境污染和其他公害,各国相继制定了环境保护基本法,如1967年日本颁布了《公害对策基本法》,1969年美国出台了《国家环境政策法》,1979年我国颁布了《中华人民共和国环境保护法(试行)》,这是我国有史以来第一部综合性环境保护基本法,1989年12月七届全国人大常委会第十一次会议通过了修订的《中华人民共和国环境保护法》,标志着我国环境保护法律系统已基本形成。环境保护法不仅内容日趋丰富,形成日益多样,而且从国内环境保护法扩大到国际环境保护法,出现了国际间的环境保护公约、环境保护协定等。

为了使人类社会经济增长与环境、资源协调发展,1972年6月,联合国人类环境会议在瑞典斯德哥尔摩通过了《联合国人类环境会议宣言》,呼吁各国政府和人民为维护和改善人类环境,造福后代而共同努力。1983年12月联合国授权挪威首相布伦特兰夫人牵头,组织21个国家的专家到世界各地考察,历经900天,于1987年4月发表了长篇报告《我们共同的未来》,第一次提出了可持续发展的概念。1992年6月联合国在巴西里约热内卢召开各国首脑参加的"联合国环境与发展大会",通过了《21世纪议程》,从此,"可持续发展"的观点得到了国际社会和各国政府的普遍认同,可持续发展已成为人类社会发展的新模式,也是世界各国经济发展战略的必然选择。

可持续发展涉及"发展"和"可持续性"两个概念。布伦特兰夫人在她的《我们共同的未来》报告中把可持续发展定义为:"既满足当代人的需要,又不对后人满足其需要的能力构成危害的发展。"报告认为:人类社会在以往虽然获得了经济的迅速增长,但同时也带来了生存环境的恶化,从而严重地限制了人类经济和社会的进一步发展。为此必须改变传统的发展方式,选择一种全新的发展战略,以保证社会的持续发展。

可持续发展的战略特征有三:保护资源,减少资源消耗,节约资源,提高资源的利用效率,主要依靠技术进步和科学管理实现社会经济发展;保护环境,维护生态平衡,防止和治理污染,使社会经济健康发展;人口增长与经济增长互相协调,有计划地控制人口增长,提高人口质量,使人口的年龄结构和地区分布合理化,充分有效地开发和利用现有的人力资源。可持续发展以经济的可持续发展为前提,以社会的可持续发展为目标,以环境和资源的可持续利用为基础。

我国政府在1992年里约热内卢会议上作出履行会议决定的庄严承诺,于1994年批准了《中国21世纪议程——人口、环境与发展白皮书》,从人口、环境与发展的具体国情出发,提出了中国可持续发展的总体战略行动计划,并把它作为国民经济和社会发展的纲领性文件,从此可持续发展被确定为国家未来发展的重大战略,成为世界上第一个编制行动方案的国家。

6.1.2 核电与核工业可持续发展

1.核能与核电

核能,是核裂变能的简称。50多年以前,科学家在的一次试验中发现铀-235原子核在吸收一个中子以后能分裂,在放出2~3个中子的同时伴随着一种巨大的能量,这种能量比化学反应所释放的能量大的多,这就是我们今天所说的核能。核能的获得途径主要有两种,即重核裂变与轻核聚变。核聚变要比核裂变释放出更多的能量。例如相同数量的氘和铀-235分别进行聚变和裂变,前者所释放的能量约为后者的三倍多。被人们所熟悉的原子弹、核电站、核反应堆等等都利用了核裂变的原理。只是实现核聚变的条件要求的较高,即需要使氢核处于几千万度以上的高温才能使相当的核具有动能实现聚合反应。

核能发电的历史与动力堆的发展历史密切相关。动力堆的发展最初是出于军事需要。1954年,前苏联建成世界上第一座装机容量为5兆瓦(电)的核电站。英、美等国也相继建成各种类型的核电站。到 1960 年,有 5 个国家建成 20 座核电站,装机容量1 279兆瓦(电)。由于核浓缩技术的发展,到 1966 年,核能发电的成本已低于火力发电的成本。核能发电真正迈入实用阶段。1978 年全世界 22 个国家和地区正在运行的 30 兆瓦(电)以上的核电站反应堆已达 200 多座,总装机容量已达107 776兆瓦(电)。80 年代因化石能源短缺日益突出,核能发电的进展更快。到 1991 年,全世界近 30 个国家和地区建成的核电机组为 423 套,总容量为 3.275 亿千瓦,其发电量占全世界总发电量的约 16%。世界上第一座核电站是前苏联奥布宁斯克核电站。

尽管目前石化燃料在能源消耗中所占的比重仍处于绝对优势,但此种能源不仅燃烧利用率低,而且污染环境,它燃烧所释放出来的二氧化碳等有害气体容易造成"温室效应",使地球气温逐年升高,造成气候异常,加速土地沙漠化过程,给社会经济的可持续发展带来严重影响。与火电厂相比,核电站是非常清洁的能源,不排放这些有害物质也不会造成"温室效应",因此能大大改善环境质量,保护人类赖以生存的生态环境。

2.发展核电的重要性和必要性

(1)核电发展对提高我国核技术水平、保持核威慑力量,具有重要作用。

发展我国核电产业决不仅仅是短期的经济效益方面的需要,而是保存我国核能力以及促进整个核工业长远发展的战略需要。中国核科技工业体系是国家利益所在,我国必须保持有效、可信的核威慑力量。国外经验和我国过去 20 多年的实践表明:在禁试禁产形势下,能够替代核武器生产,把核科技队伍稳定和维持下来,并发挥其聪明才智的主要出路就是搞核电。

(2)发展核电对保证能源安全的作用。

核电是能够有效体现国家能源安全原则的一类能源。因为一座 100 万千瓦的核电站,可满足 100 多万人口的电能需求,一年所用的核燃料只是几卡车。在满足能源安全要求方面,核电是一个重要选择。

(3)发展核电对环境保护及治理的作用

核电站几乎不产生二氧化碳、二氧化硫和氮氧化物,不排放粉尘。30 万千瓦的秦山核电站,十年运行与同等发电量的燃煤发电相比,向环境减排硫氧化物十多万吨、二氧化碳约二千万吨。

(4)核电的发展对拉动经济增长、促进结构升级的作用。

通过核电设备的制造,可以提高机械、电子、仪表等行业的技术水平和管理水平,促进经济结构优化和产业升级,可以刺激内需,拉动国内经济增长。

3.核电的可持续发展

(1)电力市场的需求

与发达国家相比,我国人均拥有发电装机容量和电力消费占能源消费的比重还很低。根据经济发展的需要,30 年我国的电力装机容量将达到 7 亿千瓦。从现在起,20 年内需要年均新增装机容量2 000万千瓦,若考虑老机组退役,则要求新建的装机容量更大。在如此巨大的新增电力容量中,完全用矿物能源则将受到环境问题的严峻压力,所以,在新的电力增长中,必须要考虑核电的份额,这是我国实施可持续发展战略的需要。

(2)天然铀资源对核电发展的保证

国际上的专门机构和专家把中国列为世界上五个铀资源潜力最大的国家之一。根据我国铀矿地质权威部门的说法,我国铀资源对核电发展的保证状况,可以概况为:近期有富裕、中期有保证、远期有潜力。我们还具有从铀同位素分离、核燃料元件制造到乏燃料后处理等一整套完整的核燃料循环体系,具备了向国内所有核电站提供优质燃料组件的能力。

(3)核电的设计和科研能力保证

我国已经拥有了一支较强的设计技术队伍,掌握了一些国外核电成熟的和经过验证的设计技术,我们已具备“以我为主、中外合作”设计百万千瓦级压水堆核电站的能力。我国已经建成若干个大型核动力技术试验基地,初步建成与国际水平接轨的中国核动力工程研究开发基地。

(4)核电的安全性

吸取两次核电站事故的教训,国际上对核电站的安全性有了全面、系统的改进。目前核电站发生放射性物质外泄事故的概率,已由原来的平均每年每千座核电站可能发生一起的水平,下降到平均每年每 10 万座核电站可能发生 1 起的水平。与化石燃料系统相比,从工业事故、环境损害、健康效应等角度看,核电要安全得多。

中国投运的 6 个核电机组和 5 个在建的核电站,均采用了世界上比较先进的核电技术,在核安全方面采取了一系列措施。浙江省环保局和广东省环保局的监测结果认为,秦山、大亚湾核电站运行以来,未对周围环境产生辐射影响,仍保持在天然本底水平。两座核电站的废物排放控制接近国际同类电站的先进水平,没有发生任何辐射污染事故。核电站几乎不产生二氧化碳、二氧化硫和氮氧化物,不排放粉尘。30 万千瓦的秦山核电站,十年运行与同等发电量的燃煤发电相比,向环境减排硫氧化物十多万吨、二氧化碳约二千万吨。

(5)核电的经济性

核电是能够有效体现国家能源安全原则的一类能源。因为一座 100 万千瓦的核电站,可满足 100 多万人口的电能需求,一年所用的核燃料只是几卡车。在满足能源安全要求方面,核电是一个重要选择。同时,在各种发电能源中,核电投资成本高而运行成本低,化石燃料发电投资成本低而运行成本(主要是燃料成本)相对高。目前,核电在我国目前尚处于起步阶段,还是幼稚产业,需要国家政策保护通过降低造价和运营费用,可以较大幅度地提高核电的经济性。加上国家在一定时期内,继续维持对核电项目的优惠政策,核电有望在不远的将来全面参与电力市场的竞争。

(6)核电设备制造国产化的能力和核电项目管理的能力

我国有上海、四川、东北三大动力设备制造基地,已基本具备制造百万千瓦级压水堆核电设备的能力。同时我们已经培养出了一支具有高素质的专业技术队伍,积累了比较丰富的项目管理、对外谈判的经验,可以在各个方面为新的核电项目提供服务。

图 6.1　秦山核电站核反应堆

6.2　核工业环境管理体系

我国核工业历经 50 年的发展,取得了举世瞩目的成就,建立了一大批军用和民用核设施,形成了一套比较完整的核能工业体系,使中国成为当今世界核大国之一。自我国开发和利用核能以来,党中央和国务院一直高度重视核安全、辐射防护与放射性废物的监督管理工作,制定了"安全第一、质量第一"的方针,明确核安全是国家安全的重要组成部分。1986 年,国务院颁布了"中华人民共和国民用核设施安全监督管理条例",授权国家核安全局对全国民用核设施独立行使严格的核安全监督管理权。1998 年政府机构改革,国家核安全局并入国家环境保护总局,理顺了核安全与辐射环境安全的关系。作为国家核安全与环境保护监管部门,国家环保总局直接承担着 30 余座核设施的核安全监督管理和近 100 个核设施的环境安全监督工作。

6.2.1　废放射源安全管理

随着核能技术的广泛应用,各种核设施、核活动和核技术应用都将产生放射性废物或放射源,如果疏于管理将给环境和人类带来极大的危害,同时也会威胁到核工业可持续发展战略的实施。安全管理的最佳途径就是实现长期监护并最终安全处置。这无论从环境资源的有效利用、减少废物对环境的危害,还是从促进核工业可持续发展、保障人类的生存环境上都有重大意义!

核废物是指含有 α、β 和 γ 辐射的不稳定元素并伴随有热产生的无用材料。核废物进入环境后会造成水、大气、土壤的污染,并通过各种途径进入人体,当放射性辐射超过一定水平,就能杀死生物体的细胞,妨碍正常细胞分裂和再生,引起细胞内遗传信息的突变。所谓废放射源,即不打算用于其初始目的的密封放射源。废放射源的产生主要有以下几种原因:

(1)一些单位退役转产,原来使用的放射源就处于闲置和报废状态;

(2)科技进步使得有可能采用新方法或其他放射源替代原先使用的放射源,如大量废镭源就是这样形成的;

(3)放射源本身的衰变以至不再具有原来的使用价值;

(4)放射源破损以至不适合继续使用等等。

一些单位退役转产后,安防工作重点从核安全和辐射防护转向一般工业安全,早期使用和熟悉放射源的工作人员,有的退休,有的调离。早期建立的放射源暂存库设施简陋,有的单位将放射源与非放射性物质混放在一个库里,这些密封放射源往往处于失控状态。再加上近年来社会治安问题比较严重,致使废放射源丢失、被盗事件发生的可能性进一步增加。

虽然上述丢失的废放射源经过努力可以找回,但总是会出现一些失控的放射源。如果失去控制的是高活度和长寿命的废放射源,那么就会构成对人类和环境的潜在威胁。表 6.1 列出了我国因放射源管理失控而引起的重大放射事故。

表 6.1 废放射源失控引起的事故

时间	地点	事故简况	后果	文献
1963	安徽	把辐照研究用 0.43TBq ^{60}Co 废源拿到家中	个人剂量 0.2 ~ 80Gy;2 人死亡,4 人患急性放射病	[2,3]
1969	北京	将来历不明的 37 GBq ^{60}Co 源浇注在混凝土建筑底层内	集体剂量 10 人·Sr	[2]
1978	河南	将 54 Gbq 闲置 ^{137}Cs 源带回住房	29 人的红骨髓剂量在 0.01 ~ 0.53 Gy	[2]
1982	汉中	1.03 TBq ^{60}Co 闲置源被盗	干细胞剂量在 0.42 ~ 3 Gy	[2]
1985	牡丹江	370 GBq ^{137}Cs 闲置源被盗取转移	累积剂量 8 ~ 15 Gy,3 人患急性放射病	[2]
1988	山西	220 GBq ^{192}Ir 源从探伤机上脱落在地面,工人捡回家中放置 50 h	受照剂量 0.5 ~ 1 Gy	[2]
1992	山西	捡回 400 GBq ^{60}Co 源	3 人死亡	[2,3]

核工业在过去几十年里进口、生产和使用了大量放射源,随着时间的变迁和国家核工业调整转民,一些放射源自然衰变成为废源;一些放射源因技术更新,被毒性小、价格便宜的源替代,成为废源(如废镭源);也有的放射源由于设备损坏或源本身损坏而成为废源;还有一些因闲置不用成为废源。其中,在目前的近万个废源中,镭源占有相当的比例。

废放射源的丢失、被盗或被遗弃已经引起严重的放射性事故。为了避免这类事故继续发生,主管部门已采取了一系列措施,如制定包括废源在内的城市放射性废物管理办法;建立放射源登记和许可证制度;在二十几个省市建造城市放射性废物贮存设施,把民用核设施产生的废源送到城市废物库集中管理等等。中国核工业集团公司曾就加强放射源管理多次发出通知,要求采取严格的预防和检查措施,但是放射废源的丢失事故仍时有发生,污染了环境,造成了人员伤害和经济损失。废源分布在核工业地质、矿冶、科技、核燃料等系统的80多个单位。由于近年来国家经济形势的变化和核工业内部调整转民,废放射源的管理出现危机,表现在以下方面。

(1)放射源的使用量逐年减少,需要贮存的废源(含不再用源)数量增加;原有的贮存设施能力不足,设施陈旧、简陋,多数无监测和无安全报警系统。

(2)许多地质勘查单位已经归属地方;矿冶系统、核燃料后处理等许多单位面临退役、转产;单位的经济状况很难满足废源的管理要求。

(3)废源不能创造效益,长期闲置不用,单位对废源的贮存疏于管理。

废放射性源治理是一项涉及社会安全和环境保护的大事。近年来废放射源的治理受到了各级领导高度重视。核工业集团公司从1995年起,开始酝酿对废放射源的治理工作:召开“废放射源处理处置工作会议”“废放射源治理方案技术研讨会”“关于地质矿冶系统废放射源处理处置工作会议”等专题会议;建立废放射源管理数据库;组织编写“废放射源处理与处置技术研究”“废放射源暂存和整备设施方案”“核工业废放射源治理项目建议书”“核工业地质矿冶系统废放射源治理方案”等报告。

1998年7月2日,核工业集团公司召开了“加强废放射源管理紧急办公会议”,提出废放射源治理总体方案,至此废放射源治理正式提到议事日程。

1999年6月,在国际原子能机构(IAEA)指导和帮助下开展了“废镭源整备与示范”工作。

1.放射性废源处理与处置

我国已建成两座中低放射性固体废物处置场,一座位于西北地区,首期工程废物处置容量为20 000 m^3,1999年投入试运行,现已接收、处置了数百 m^3 的固体废物,该处置场规划处置总容量20 000 m^3;另一座处置场是邻近广东省大亚湾核电站和岭澳核电站的北龙处置场,设计处置容量为8 000 m^3,2001年建成首期处置容量8 800 m^3。

在废放射源中,相当部分废源的半衰期在5~30 a之间,有些放射性源的活度很低,甚至刚刚超过豁免水平,如果能够在中低放固体废物处置场处置,将对废源贮存数量和废源贮存库

(包括城市废物库)运行费用的减少以及对公众和环境安全具有重要意义。目前,废源处置接收限值的研究正在积极酝酿之中。

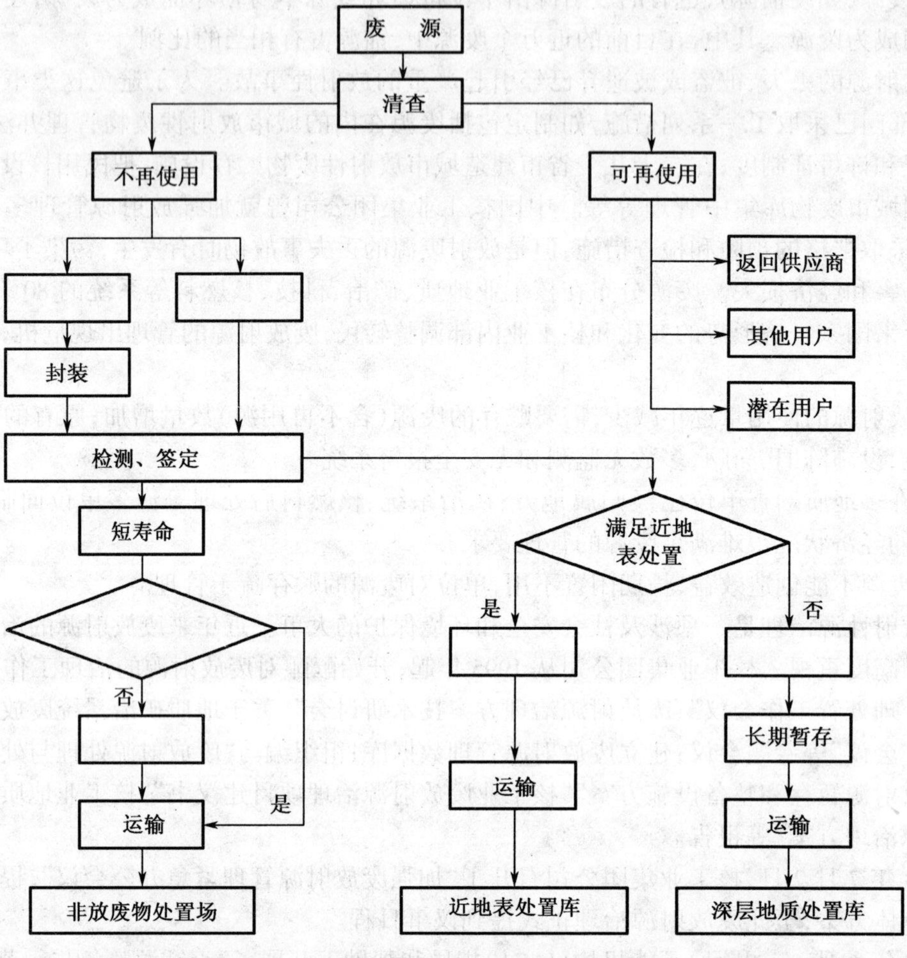

图 6.2 核工业系统废放射源安全管理方案

正确看待处理和处置的关系,处理是废物安全管理的基础,处置是废物安全管理的最终目标。没有经过处理的放射性废物是不能进行处置的。处理包括分类和整备,分类的目的是根据不同类型废物的特点采用不同的适用技术进行整备;整备的目的是废物形态的稳定化、体积最小化和包装标准化等,采用符合国家标准的容器进行包装后即可运输到处置场进行处置。我国目前的包装标准化和运输体系的建设刚刚起步,处理和处置脱节,技术、标准和政策尚不完备,给废物处理、处置业务的正常开展带来一定的困难,在这方面德国、法国和美国等西方国家做得较好。

2.废物处理、处置过程中存在的问题

高放废液的处理是核工业各项活动中最难的问题之一,因其放射性极强,处置技术复杂、要求极高,即使像美国这样的国家也还未最终解决处置问题。目前,国际上采用的方法也只是先通过玻璃固化技术将高放废液转型为稳定的玻璃形态暂存,等处置技术成熟后再进行深地质处置。我国的高放废液现仍存放在金属罐中,急需尽快稳定化,而负责管理这些罐的企业目前都很困难,如果不及时解决,将带来极大的风险。中国计划于 2040 年建立一个专门的深地质处置试验室。原子能院、清华大学已开展了一些前瞻性的研究试验工作。

放射性物质运输手段相对滞后。国际上,包括乏燃料在内的放射性物质运输已成为常规运输,法规体系非常完善,部门责任也十分清晰,运输组织、实施效率和经济性都很好。而我国,尚未建立起一套完整统一的法规体系,部门职责也未清晰。某种程度上说,我国放射性物质运输安全记录,主要依赖过高的安全要求和牺牲经济效益来实现,这也是我国至今乏燃料无法实现铁路运输的原因之一。

我国长距离大件乏燃料货包公路运输在国际上也极为少见,由于速度慢,对沿途道路和运输要求高,影响较大,只能在一定时期内作为暂时的方案和以后短途运输方案采用。从国际经验和长远需要看,铁路运输将是主流。随着我国核电的发展,实施以海铁联运为主,短途公路运输为辅的运输模式将是最佳选择。

目前,我们正在逐步完善公路运输体系,特别是技术体系、管理体系和技术与管理队伍建设。但这其中存在许多困难:比如我国道路运输管理条例规定,速度低于 50 公里的车辆不能走高速公路,而从核安全角度考虑,高速公路的道路条件和安全性明显好于一般国道。

中核清原环境技术工程有限责任公司是中国核工业集团公司旗下一家专门从事核三废处理处置的专业公司,其主要业务领域包括:放射性废物处理、核设施退役、放射性物质运输,及低、中放固体废物处置场的选址、建设和运行等。作为一个核三废环保产业的专业公司,他们建立了一套完整的保障监督体系并有效实施。在全体员工的共同努力下,公司通过了质量(ISO9001)、环境(ISO14000)和职业健康安全(OHS18000)三标一体认证,并建成包括安全质量体系、辐射防护体系和应急体系在内的完整的低、中放固体废物运输、处置与乏燃料运输体系,这在核工业系统也是首家。体系运行的情况表明,三标一体认证对提升公司安全管理水平和规范化运作起到重要作用。

6.2.2 辐射环境安全管理

1.辐射环境安全管理现状

前苏联切尔诺贝利核事故发生后，世界各国对核设施的辐射防护工作越来越重视。我国是国际原子能机构(IAEA)的成员国，也是国际《核安全公约》的签约国，承担着相应的责任和义务。随着核工业与核技术应用的发展，我国辐射防护工作逐步得到加强，主要成绩包括以下几方面。

(1)国务院或有关政府部门已先后颁布了有关辐射环境安全管理方面的专项法规、标准几十项。

(2)国家对民用核设施实行严格的许可证管理制度，授权国家核安全局对全国民用核设施实行独立的核安全监督。国家对放射性同位素和射线装置实行许可登记制度，授权卫生、公安和环保部门对放射性同位素和射线装置的生产、销售、使用、报废和处置等实行分段管理。

(3)通过核设施营运单位的自身努力和各级安全部门的外部安全监督，核设施工作人员所受的职业外照射个人平均年有效剂量逐年下降，80 年代约为 5 mSv/a，90 年代下降到 3 mSv/a 左右，最近几年一直稳定在 2～3 mSv/a。从矿山流行病学调查得到的结果表明，除铀矿地质和铀矿山工作人员外，未发现致癌效应。除发生过多起皮肤辐射损伤事故外，核设施没有发生过急性致死事故和急性放射病。

(4)对核工业与核技术应用项目执行环境影响评价制度、环境保护设施的“三同时”制度。

(5)加强辐射环境监测能力建设，提高监测质量，逐渐完善环境质量报告制度。地方环保部门加大了辐射环境监测能力建设的投入，辐射环境监测能力均有不同程度的提高。目前，26 个省、市开展了常规辐射环境质量监测工作，90%以上的省、市编制了辐射环境质量年报。

(6)核应急与辐射应急常备不懈，成立了“国家环保总局核与辐射事故应急技术中心”。环保总局系统制订了核与辐射事故应急响应方案，处理了多起放射源丢失、被盗和污染环境事故。

(7)高度重视辐射环境保护队伍人员素质的提高，组织了多次全国性的辐射环境保护、辐射环境影响评价、辐射环境监测技术和方法、仪器比对、放射性废物管理、核安全监督员、核与辐射事故应急等专业技术培训。

(8)全国已建成 25 个城市放射性废物库，23 个已投入运行，共收贮废放射源13 412枚，放射性废物7 340 m^3；已建成首期容量为20 000 m^3 的西北低中放废物处置场，以及首期容量为 8 800 m^3的广东北龙低中放废物处置场等。加强了对放射性废物的入境管理，查处了多起进口废金属放射性污染超标事件。

(9)我国提出中低水平放射性废物处置的环境政策，对核设施退役和环境治理工程提出了统一规划、综合治理、保证质量、长期监护的要求。并组织开展我国放射性废物管理政策研究。

(10)组织开展了大批与辐射防护和放射性废物管理有关的科学研究项目,包括核设施的职业辐射防护、环境评价模式、核事故应急、核临界安全、放射性废物管理、核设施退役等方面。

2.我国辐射环境安全管理工作中存在的问题和不足

(1)辐射防护与放射性废物管理的法规体系不健全,缺乏一个系统全面规范辐射防护与放射性废物管理的大法。

(2)人才短缺,核工业系统和监督管理部门从事辐射防护工作的专业人员的技术水平和素质与实际需要还有较大差距,亟待提高。监管力量明显不足,监督管理人员数量配置远低于国际上有核国家的水平。技术储备不足,科研工作薄弱,不能满足辐射防护和放射性废物管理的技术需要。

(3)资金短缺,严重制约辐射环境安全管理的发展,监测仪器及装备陈旧老化,城市放射性废物库缺乏运行资金。

(4)辐射事故应急响应能力差。

(5)放射源的管理由卫生、公安、环保等几个部门分段管理,政出多门、职能交叉。

(6)缺乏对我国辐射防护发展的长远规划,缺少顶层设计。

表6.2　核工业主要废放射源地区分布统计

核素	东北	西北	华北	华东	华南	西南	总数	总活度(Bq)
^{60}Co	57	59	315	2	19	504	956	$5.4\times10^{14}(8.2\times10^{14})$
^{134}Cs	13	117	78	43	19	22	292	$3.6\times10^{12}(8.6\times10^{12})$
^{192}Ir	2	11	275	2	0	825	1 115	$1.4\times10^{8}(1.9\times10^{8})$
^{239}Pu	6	44	28	3	3	28	112	$2.5\times10^{6}(3.5\times10^{6})$
^{236}Ra	145	226	21	462	1 362	238	2 454	$6.5\times10^{10}(1.3\times10^{11})$
^{90}Sr	90	112	45	2	49	80	378	$1.09\times10^{11}(8.4\times10^{11})$

3.加强辐射防护与放射性废物管理对策

(1)建立完善的法规标准体系,积极推进《放射性污染防治法》和“辐射防护与放射源安全基本安全标准”。依据我国中、低水平放射性废物处置的环境政策、《城市放射性废物管理办法》、《放射性废物管理规定》等相关内容,制定放射性废物处置的相关法规。另外,我国已经加入了国际“核安全公约”,目前应尽早加入国际“乏燃料管理安全与放射性废物管理安全联合公约”。

(2)建立和健全全国辐射环境监测系统,加强辐射环境监测能力建设,尽快建立和健全全国辐射环境监测网,包括建立、完善辐射环境监测技术中心和省级辐射环境监测站。按《辐射监测技术规范》的要求,开展核设施流出物监测和辐射环境质量监测。开展辐射监测技术研究,包括监测数据的分析、对比、统计和经验反馈等技术的研究。建立辐射环境保护数据系统。

(3)理顺关系,实行核安全与辐射安全统一监督管理。根据 IAEA 2000 年 12 月发布的"放射源安全和保护行为规定",使监管机构独立于放射源的行政管理和发展部门,并保持真正的独立性。政府应赋予监管机构必要的职权,并提供必要的支持和资源。针对我国放射源监督管理现状,借鉴世界各国放射源监管的通行做法,应由一个政府部门牵头,对放射源的生产、销售、使用、存储和处置实行全过程的监督管理。

(4)加强技术培训,实行辐射防护人员资格认可制度强化从事放射工作人员的教育和培训是达到放射源安全的重要途径。不仅仅是监管机构的工作人员需要得到与其工作职责相适应的培训,放射源的使用者亦应得到充分的培训和知识更新。在对从事放射性工作的技术人员进行全面培训的同时,我国应尽快实行核安全和辐射防护人员职业资格制度。

(5)建立完善的放射性废物技术政策和管理政策,应当制定一个全面的放射性废物管理的环境政策,包括退役与环境整治、废放射源管理、高放废物处理处置,以及铀钍伴生矿放射性废物管理等方面。

(6)推动核设施辐射防护工作,减少职业照射。

(7)制定中长期发展规划,确定优先研究领域从事辐射防护与放射性废物管理领域工作的专家、学者应当通过各种形式的研讨,形成共识,制定出我国辐射防护与放射性废物管理科研发展中长期规划,列出优先发展领域,为政府制定科研发展规划提供依据。

6.2.3 核电与核环境保护

核能已被公认为是一种经济、安全、可靠、干净的能源,核电生产链中只排放极少的二氧化碳,与煤电相比是清洁,每百力一千瓦时,煤电产生的二氧化碳和二氧化硫,分别是 964 吨和 10 吨,而核电则是 7.8 吨和零。

美国电力研究所以全球与美国为例,研究认为,核电对减少全球温室气体的释放有着极大的作用。截止 1997 年,全世界 32 个国家正在运行的核电机组为 436 套,1997 年核电提供的电力为2 300 TWh,占世界电力供应的 17%,折合占一次能源的 7%。目前每年避免了约 23 亿吨二氧化碳的释放量,约占电力工业二氧化碳释放量的 1/3。由于电力工业排出的二氧化碳量约占世界人类各种释放二氧化碳源的 30%,因此如果不使用核电,全世界二氧化碳的释放量将增加 10% 。

自 1997 年 12 月和 1998 年 3 月布宜诺斯艾利斯会议以来,世界舆论强调核电对防止全球变暖的作用。许多政治家和科学家指出,发展核电是防止全球变暖,减少二氧化碳释放量的一个重要措施。

1.环保对二氧化硫和二氧化碳的排放提出新要求

由于二氧化碳等温室气体造成的温室效应,国际社会提出限制二氧化碳排放量。1997 年 12 月 10 日京都"防止全球气候变暖"会议,形成了"防止全球气候变暖"的条约。条约的主要内容是:

(1)工业化国家在 2008～2012 年将减少温室气体的释放量,其平均值比 1990 年释放量减少 5.2%。对各个工业化国家,指标有所不同,例如美国为 7%,欧盟国家为 8%,日本为 6%。

(2)明确规定了温室气体为六种,即二氧化碳、甲烷、氧化氮、氢氟碳化合物、过氟碳化合物和六氟化硫。

(3)没有达到目标值的国家可以向好于目标值的国家购买指标。

(4)参约国将在今后开会决定用什么最适合和有效的方法来解决这次会议中各国出现的分歧。

(5)对中国和印度等一些主要温室气体释放的发展中国家,会议要求它们自愿地确定本国的减少温室气体释放量的目标值。

我国是二氧化碳排放大国之一,我国十分重视二氧化硫排放污染问题。为顺应国际社会的要求,制定了符合我国国情的减少二氧化碳排放的措施。国函〔1998〕5 号《国务院关于酸雨控制区和二氧化硫污染控制区有关问题的批复》(以下简称《批复》)中明确:

(1)两控区控制目标为:到 2000 年,排放二氧化硫的工业污染源达标排放,并实行二氧化硫排放总量控制;有关直辖市、省会城市、经济特区城市、沿海开放城市及重点旅游城市环境空气二氧化硫浓度达到国家环境质量标准,酸雨控制区酸雨恶化的趋势得到缓解。到 2010 年,二氧化硫排放总量控制在 2000 年排放水平以内;城市环境空气二氧化硫浓度达到国家质量标准,酸雨控制区降水 pH 值小于 4.5 的面积比 2000 年有明显减少。

(2)禁止新建煤层含硫分大于 3%的矿井,建成的生产煤层含硫分大于 3%的矿井,逐步实行限产或关停。新建、改造含硫分大于 1.5%的煤矿,应当配套建设相应规模的煤炭洗选设施。现有煤矿应按照规划的要求分期分批补建煤炭洗选设施。

(3)除以热定电的热电厂外,禁止在大中城市城区及近郊区新建燃煤电厂。新建、改造燃煤含硫量大于 1%的电厂,必须建设脱硫设施。现有燃煤含硫量大于 2%的电厂,要在 2000 年前分期分批建成脱硫设施或采取其他具有相应效果的减排二氧化硫的措施。

(4)要结合产业和产品结构的调整,大力推行清洁生产,加强技术改造,促进资源节约和综合利用,切实降低二氧化硫排放水平。

我国的环境污染非常严重,环境问题已成为制约经济发展的重要因素之一。我国的空气污染仍以煤烟型为主,主要污染物是二氧化硫和烟尘。1997 年,二氧化硫排放总量为2 346万吨;烟尘排放总量为1 565万吨。

酸雨污染严重。1997年，降水年均pH值低于5.6的城市有44个，占统计城市数的47.8%，其中，南方城市占了72%。降水年均pH值低于4.5的城市有长沙、遵义、杭州和宜宾。在统计的城市中，71.7%的南方城市出现过酸雨，酸雨出现频率大于90%的城市有长沙、景德镇和遵义。北方城市降水年均pH值低于5.6的城市有图们、青岛和太原。

在二氧化硫和烟尘的排放中，电力工业的排放量占总量的三分之一。对电力工业而言，大气污染，尤其是燃煤排放的二氧化硫污染已成为制约电力发展的关键因素之一。

2.新要求对国家电力公司系统的影响及举措

《批复》给国家电力公司系统带来了很大压力。一是对电源点和电网的建设布局要做较大调整；二是在2010年前约有4 000万千瓦机组需要装设脱硫装置和采取相应措施，费用大约在200亿元左右；三是二氧化硫排放实行收费，排放每千克二氧化硫收费0.2元，国家电力公司系统2000年前每年需缴费8亿元；四是所有污染物在2000年前要达标排放，估计需30亿元资金进行技改。

根据《批复》，国家电力公司明确了工作重点：一是加快电源结构调整，提高大容量机组利用率，并带头推动国家清理限制小火电机组的工作，2000年底前国家电力公司系统将停运小火电机组681万千瓦；二是抓紧编制国家电力公司“两控区”内二氧化硫污染控制综合规划，按照国函[1998]5号文要求，对“两控区”内国家电力公司所属的火电厂二氧化硫排放实施有效控制；三是下达烟尘、废水达标治理计划，按计划对烟尘、废水尚不能达标排放的火电厂进行督促落实，确保三年达标任务按时完成；四是落实脱硫国产化的驱动项目，加快推进脱硫设备国产化工作，为脱硫开创新的道路作出贡献。

在核电与煤电的经济性比较上，国务院关于“两控区”的《批复》为我国核电发展提供了机遇。主要体现在：《批复》中对煤炭生产的严格要求，同时，“两控区”的《批复》对煤炭生产的严格要求，必然要使煤炭生产的成本上升，从而必然导致电厂发电成本的上升；《批复》中对燃煤电厂建设脱硫设施的要求，必然导致燃煤电厂投资的增加。按照国家电力公司的测算，对现有机组装设脱硫装置和采取相应措施，每千瓦需投资500元以上。

3.中国核电建设的安全目标和策略

核安全是核电建设的生命线，是国家安全的重要组成部分；保证核安全才能保证核电建设和发展有最大的经济效益、社会效益和环境效益，才能造福于人民。但是，由于核电具有潜在的放射性危险，以及美国三哩岛核电厂事故（1979年）和前苏联切尔诺贝利核电厂事故（1986年）的发生，反应堆严重事故和核电厂安全仍然是核能发展中最重要的研究课题。为此我国对核电厂规定了三个安全目标，第一个实质上是核安全的总目标，其余两个是解释总目标的辅助性目标，分别涉及到辐射防护和安全的技术方面。这些安全目标并不是互相独立的，而是相互关联，以确保安全目标的完整性。

(1)安全总目标

核安全的最终安全目标为:在核电厂内建立并维持一套有效的防护措施,以保证人员、社会及环境免遭放射性危害,需要注意的是,在安全总目标的表述中突出了放射性的危害。这并不意味着核电厂不存在其他的、常规电厂也存在的比较普通的风险,如热排放对环境的影响,事故引起的核电设备损坏所造成的巨大经济损失等。

(2)辅助目标

①辐射防护目标

辐射防护目标是确保在正常运行时核电厂及从核电厂释放出的放射性物质引起的辐射照射保持在合理可行尽量低的水平,并且低于规定的限值,还应确保事故引起的辐射照射的程度得到缓解。这就要求在正常情况下具有一套完整的辐射防护措施,在事故情况下(预期运行事件)有一套减轻事故后果的措施,包括厂内和厂外的对策,以缓解对工作人员、居民及环境的危害。

②技术安全目标

技术安全目标是有很大把握预防核电厂事故的发生。对于核电厂设计中考虑的所有事故,甚至对于那些发生概率极小的事故都要确保其放射性后果(如果有的话)是小的,确保那些会带来严重放射性后果的严重事故发生的概率非常低。

20多年来,我国核电从无到有,在探索中前进,不断趋于成熟走出了自己的发展道路,制定了中国核电建设的安全策略:

①贯彻了"安全第一、质量第一"的发展方针

我国核电发展充分吸取了国际上核电发展的经验和教训,注意引进成熟技术和比较先进的核电堆型——压水反应堆、重水反应堆。从设计原理、结构到安全措施,要求核电厂有保守的设计,精心的制造、建造以及精心的运行,在安全上是有保证的。

②建立了国家核安全监督管理体制

早在1984年,为适应我国核电的发展,国务院决定成立国家核安全局,对民用核设施的核安全进行独立监管,建立了核安全监管体系,并确定了政府有关部门和营运单位的职责。1998年6月后,改由国家环保总局(国家核安全局)对全国民用核设施安全实施统一监督,独立行使核安全监督权。

③形成了比较系统的核安全法规体系

从1986年开始,国家核安全局就依据国际原子能机构的标准,结合我国的实际,陆续颁布核安全法规和标准,并不断对已公布的核安全法规和标准加以修订和完善,保证了我国核工业和各项核事业的蓬勃发展。我国核安全法规体系由国家法律、国务院行政法规、部门规章、核安全导则、标准及规范组成。确立了与国际接轨的安全标准,实施了现代化的管理,增强了国际国内的信心。

建立了一套以安全许可证制度为核心的安全监管制度。核安全许可证是国家监管机构批

准申请人从事与核安全有关专项活动(如核电厂选址、制造、建造、调试、运行、退役、核材料持有、使用、生产、储存、运输和处置等)的法律文件。国家环保总局(国家核安全局)负责审批颁发或核准颁发的许可证包括:核电厂建造许可证,核电厂运行许可证,核电厂操纵人员执照,核电厂厂址选择审查意见书,核电厂首次装料批准书及核电厂退役批准书等在内的其他需要批准的文件。使核电站选址、设计建造和运行的各个环节均严格受控。

④加强核电运行经验反馈,重视核安全文化建设

加强核电运行经验反馈,防止和纠正人因失误,促进业主建立起多方参与的不同层次的核电运行经验反馈系统,积极开展内部运行经验反馈和外部运行经验反馈活动,吸取经验教训,努力避免国内外核电厂类似的人因失误和运行事件的再次发生。

我国核企业在引进先进技术、设备、人才的同时,全方位引进先进的经营理念、企业制度、运行机制、管理模式和核安全文化,并在引进的基础上结合我国和企业的具体实践,大胆创新,使之具有中国特色。

⑤积极推进定期安全评价和运行评估,广泛开展国际核安全合作

采用定期安全评价制度,邀请国际原子能机构派出专家组(OSART)对核电厂进行定期安全评价,并积极倡导核电厂建立自己的运行评估制度,定期或不定期地对运行核电厂的运行业绩进行评估,及早发现核电厂运行和安全上的薄弱环节,提高核电厂的管理水平和安全水平,为保证运行安全服务。

秦山核电站、大亚湾核电站的安全稳定运行,充分验证了核电是清洁、环保型能源。数据显示,与同等容量的燃煤电站相比,大亚湾电站每年可减少排放二氧化碳1 350万 t、二氧化硫10万 t,氮氧化物6万 t,烟尘1.8万 t,灰渣90万 t。作为首家通过ISO14001环境管理体系认证的中国核工业和电力行业企业,大亚湾核电站10 km半径范围内的7个环境监测站检测结果表明,核电站周围放射性本底水平与核电站建设之前相比没有发生变化。

没有发生过二级或者二级以上的运行事件;中国内地从1991年第一个核电站投运,已经有了40堆·年的运行经验。从这40堆·年的情况来看,9个核电机组都没有发生过二级或者二级以上的核事件。2005年所有运行机组共发生24起运行事件,其中21起按国际核事件分级规定属0级事件,3起1级事件。工作人员所受到的辐照剂量远低于国家规定的限值,核电站的环境辐射监测数据基本保持在本底水平,我国在役核电厂的运行安全基本得到保障。

中国核电建设安全策略的成功,以及我国自主掌握的核电技术的成熟,使公众和政府决策部门树立了坚定的信心,为积极推进核电建设的决策奠定了基础,使我国的核电在“十一五”迎来了发展的新机遇。

4.核环境保护

核环境保护是辐射防护研究的重要组成部分,放射性物质通过环境作用到人体的途径和规律是辐射防护研究的基本内容之一。核环境科学研究同辐射防护其他学科一样,在核工业

两次创业中起到了重要作用。

核环境保护始于核工业创建初期，起步较早。由于核工业行业的特殊性，环境保护滞后给人民群众的生活、国土和环境所造成危害的严重性，因此，核工业在创建之初就把环境保护工作(当时称为环境卫生)放在了十分重要的位置。为保护核工业职工和附近居民的健康，为保护周围环境和国土安全，吸取了世界有核国家的经验教训，各级领导认识到应及早成立专业队伍和专门研究机构，采取措施有效地防止核工业厂矿排出的废水、废气和废物对周围水源、土壤和大气造成污染。在党中央、国务院为核工业发展制定的“安全第一，防护先行”方针指导下，早在1957年原子能院就集中了一批从国外培训回来的专家，开始有关准备工作，做了大量文献调研和一些技术贮备，为北京工业卫生研究所成立后迅速组建队伍，开展技术工作打下了基础。

1961年3月二机部和卫生部决定成立“北京工业卫生研究所”后，组成的领导组编制了1962年科研方向任务和规划。科研方向任务和规划明确指出，通过辐射物理、核电子学和放射化学的研究工作，在3～4年内建立一套适用的空气、水、土壤和生物样品中铀的测定方法、空气中放射性气溶胶测量方法、矿井中氡及子体测定方法、氟和汞化学毒物测定方法等，并要求提供一套卫生评价方法和厂矿建立卫生防护带的规范性资料。

为从组织上落实这些研究任务，1962年北京工业卫生研究所，在放射卫生研究室内设立了环境卫生(与劳动卫生相对应)研究组，该组到1965年发展到近30人，组内设大气、地表水、陆生生态和水生生态等课题组。在科研面向实际、面向生产第一线和为厂矿服务精神指导下，1961年初制订了下厂矿计划，此后原子能院广大科研人员走遍祖国南北东西，仅1964年～1965年就有180多人次分批分组深入到21个厂矿进行调查研究。在普遍调查的基础上选择了七八个有代表性的厂矿进行了几年的系统环境生态调查研究，了解运行的核设施对周围环境生态有无污染及污染水平如何，并把已经污染的现场作为实验田，观测被污染水体和土壤的放射性物质向农畜产品中转移的基础数据和规律。

改革开放初期，核工业开始第二次创业。核工业及核电发展的新形势对核环保提出了新要求，增添了新活力。全国环保事业的蓬勃发展，也把核环保推向了发展的新阶段。1972年斯德哥尔摩世界环境大会之后，我国环保事业迅速兴起，飞快发展。到20世纪70年代末80年代初，全国各省市区不仅成立了环保局，而且组建了环境监测站和环境科学研究所。环境科学作为一门新兴学科蓬蓬勃勃地发展起来，大大地促进和加快了核环境科学的发展步伐。

为满足核工业、核电发展的新需求，二机部在1978年～1979年重新组建大气和地表水实验组。其后，以这两个研究组为基础成立了环境污染物迁移研究室，继而发展成环境科学研究所(三废治理研究所由三废治理研究室发展而成)。环境科学研究所由大气、地表水、地下水、陆生生物、水生生物等研究组和环境监测分析中心(即核工业环境监测分析中心)组成，届时该所科技人员已达116人。

1986年核工业部在原子能院设立了“核工业部环境监测和评价中心”，其任务是建立核工业系统环境数据库,编写整个核工业系统的年度环评报告,对核工业部所属企业进行双轨监测。1987年成立了由核工业和国家环保局双重领导的太原环境医学研究所,从事环境污染对人体健康危害研究。1989年核工业总公司把“核设施事故应急技术后援中心”设在了原子能院。至此,连同三废治理研究所,原子能院从事环境保护科学研究的科技人员已达200余人,形成了一个学科比较齐全,综合性的环境保护科学研究实体。

环境监测是环保工作的耳目,为适应我国放射性和非放环境要素监测工作的要求,原子能院不仅组建了环境监测分析中心,还在1988年~1990年建成了我国目前唯一的低水平环境放射性测量实验室(即低本底实验室),使我国环境放射性监测水平大大提高,在国际比对中多次受到好评。

第 7 章　现代核工业企业人力资源管理

7.1　人力资源管理概论

7.1.1　人力资源管理与职能

1.人力资源管理

企业最重要的资源是人力资源,人是企业生存和发展的关键。对管理而言,首先是人的管理,解决好人的问题。所以人力资源管理在企业管理中的核心地位和难度都不可置疑。曾国藩就曾说“欲立立人,欲达达人”“不知人则不能用人,不晓事则不能办事”。

1954 年,管理学家彼得·德鲁克在其《管理的实践》一书中,讨论管理员工及其工作时,引入了“人力资源”这一概念,指出:“和其他所有资源相比较而言,唯一的区别就是它是人”,并且是管理者们必须考虑的具有“特殊资产”的资源。他认为人力资源拥有当前其他资源所没有的素质,即“协调能力、融合能力、判断力和想象力”。管理者可以利用其他资源,但是人力资源只能自我利用。“人对自己是否工作绝对拥有完全的自主权”。正因为如此,德鲁克认为,当时的人事管理已经不能适应组织对员工有效管理的要求,它必须具有所需的专门知识,要意识到什么是正确的方法并加以应用。因此,人事管理工作诸如如何挑选和招募第一流的工人,如何培训员工以提高生产效率,如何建立员工档案,更科学地调配和使用员工,如何正确进行考核和给付薪酬,如何妥善处理劳资纠纷,如何维护劳动力以维持再生产,等等,在后工业时代明显表现了不适应,因此德鲁克提出:“传统的人事管理正成为过去,一场新的以人力资源开发为主调的人事革命正在到来”。

从概念上讲,人力资源管理,指运用现代化的科学方法,对与一定物力相结合的人力进行合理的培训、组织与调配,使人力、物力经常保持最佳比例,同时对人的思想、心理和行为进行恰当的诱导、控制和协调,充分发挥人的主观能动性,使人尽其才、事得其人,以实现组织的目标。因此,人力资源管理涉及到培养各类人才,提升人才质量,高效使用人才。具体到实际操作系统,从内容上可划分为五大部分:招聘与任职体系、培训发展体系、绩效考核体系、薪酬分配体系和员工激励体系。

2.人力资源管理的职能界定

当人类前进的脚步由后工业化社会迈入知识经济社会时,传统上的人事管理已被人力资源管理所代替。比名称改变更为重要的是企业开始推行以人为中心的人力资源管理,它反映了人力资源管理在组织中的作用和地位的不断变化与发展。日益增强的有效的人力资源管理正在影响着组织的行为,而随之带来的职能转变也更能突出人力资源管理的重要战略作用。

在外部环境不断变化的今天,组织要想取得竞争优势,不能仅仅依靠传统金融资本的运作和领先的科学技术,还必须依靠人力资源的优势来维持组织的竞争优势,从而使组织取得成功。现代的人力资源管理就是为了保证有效地利用人们的才能实现组织的目标而进行的一种正式的系统设计。其管理的职能在演变中也逐渐完善为如下内容。

(1)配置资源职能　为组织发展提供有效并最优化的资源,以实现组织发展目标。组织中的任何目标都需要人的参与,人力资源部门要主动配合组织的各种需要,帮助组织实现目标。无论是为开辟新的生产线、扩大企业的规模,还是兼并其他企业等都对人力资源提出了新的需求。人力资源部门必须帮助组织获取所需要的各类适合的人力资源。

(2)激励员工职能　在企业高速发展的几天,仅有管理配置职能是不能适应瞬息万变的经济时代。因此,人力资源管理部门就有了新的职能——激励员工以帮助组织建设优秀的团队。正确地激励员工,使他们保持一种向上和高昂的士气;培养员工的协作精神,接纳和理解合作伙伴;引导员工对组织目标的执著和对领导的信任,帮助领导建设一支有战斗力的优秀团队;指导员工进行职业规划,为他们提供发展空间。帮助员工找准工作方位和发展方向,测试他们的性格、专业能力和专业兴趣,帮助他们制订职业生涯规划,为他们的职业生涯提供最大的发展空间。

(3)高效使用职能　越来越复杂的要求都提出要通过人力资源地有效使用来促进组织管理职能的高速运转。为此,首先要提高员工的工作生活质量和满意度。工作生活质量包括领导者的管理风格、员工参与决策和管理、安全而稳定的职业发展、合理的工作报酬、较好的工作条件、良好的企业形象等,改善这些工作环境,提高员工的满意度。其次,有必要培训员工以达到组织的要求。培训基层和中层管理人员的管理能力使其有效行使自己的管理职责;培训各类岗位上的普通员工使其满足岗位的要求等等。再次,承担维护政策和伦理道德的社会责任。表扬员工的高尚道德和遵守企业政策的行为,确保人力资源管理活动的公平、公正,遵守国家的法律,保护员工的人格尊严和基本权利,维护组织及社区、社会的道德伦理,鼓励员工遵纪守法。

7.1.2　绩效考核在人力资源管理中的地位和作用

在人力资源管理中有一个重要的管理项目是绩效考核,这是对员工工作有效性的评价。

“绩效考核”一词,古已有之。早在《尚书·舜典》中已有记录:“三载考绩,三考黜陟幽明”,说的就是每三年就对他们进行一次绩效考核,根据三次考核的结果决定对善者、智者的晋升,对恶者、愚者降职。在现代企业管理中,绩效考核是人力资源管理操作系统中大量应用的手段,是人力资源管理的核心理念之一。

从概念上看,绩效(Performance)其含义是“表现”,是个体或群体的工作表现、直接成绩和最终效益的统一体;“考核”一词,其含义是评价、评估。绩效考核,是指对员工在工作过程中表现出来的工作成绩(工作的数量、质量和社会效益等)、工作能力、工作态度以及个人品德等进行评价,并用之判断员工与岗位的要求是否相称。绩效考核的目的是确认员工的工作成就,改进员工的工作方式,提高工作效率和经营效益。

在经济全球化和信息化的今天,知识继劳动力、资金、自然资源之后成为第四大资源。因此,人力资源的管理重点也由“手工工作者”转向“知识工作者”。彼得·德鲁克(Peter F. Drucker)在《21世纪对管理的挑战》一书中还说“20世纪最重要的,也是最独特的对管理的贡献是制造业中手工工作者的生产力提高了50倍。21世纪对管理最重要的贡献同样地将是提高知识工作与知识工作者的生产力。”

在知识经济社会,企业的资本结构发生了革命性的变化,已由传统的机器资本、货币资本为主,转向以人力资本为企业增值活动的主要基础。现代企业的核心竞争能力已由资本变为知识管理能力。而如何最大程度将人力资本化为现实的经济效益则是人力资源管理体系该解决的问题;如何获得企业所需的人才并进行更有效的管理,是现代企业人力资源管理必须面对的挑战。这些问题和挑战要求具有竞争力的企业必须有合理、有吸引力的薪酬与福利;充分公开与高效的信息沟通:公正平等的招聘政策;科学有效的考核系统;深入全面的企业文化培训与管理;持续有效地系统激励模式。所有这些,都离不开绩效考核。人力资源一开始介入组织,便从招聘、甄选到配置及科学培训、开发,再到有效激励、创新这一整个过程都运用绩效评估、考核的手段。广义上来讲,绩效考核不仅仅是人力资源管理体系的一个有机组成部分,而且还始终贯穿人力资源整个过程。可以说,没有考核就没有科学有效的人力资源管理。绩效考核具有以下作用。

1.绩效考核是人员任用的依据

要实现一个组织中的人与事的科学结合,必须“识事”和“知人”。岗位分析、岗位评价和岗位分类是“识事”的基本活动,考核则是“知人”的主要活动。只有“知人”才能“善任”,通过绩效考核,能够对每个人的情况进行综合评价,了解每个人的能力、专长、态度和工作,从而将其安置在合适的岗位,达到入职的匹配。

2.绩效考核是员工工作调动和职务升降的依据

每一项职务都要求特定的知识和技能,每一个员工又都有自己的优缺点,用人应扬长避短。绩效考核重于对员工工作成果及工作过程进行考察,通过考核可以提供员工们的工作信息,如工作成就、工作态度、知识和技能的运用程度等。而这些都可以作为人力资源管理工作中人员任用的依据,对个人来讲既用人所长,对组织来讲也有利于人力资源的优化配置。

3.绩效考核是员工培训的依据

培训开发是人力资源开发管理的重要方式,它可以使人力资源增值,因而也成为组织的战略性任务。绩效考核的实施可发现员工的优缺点,了解员工在知识、技能、思想和心理品质等方面的不足,进行有针对性的培训。持续的绩效管理,可以促进培训开发工作的深入。

4.绩效考核是确定薪酬和奖励的依据

现代管理要求薪酬分配遵循公平与效率两大原则,这必然要求对每一个员工的劳动成果进行正确的计量和评定,按劳付酬。绩效考核的结果是决定员工报酬的重要依据,进行薪资分配、调整时,应依据员工的绩效和工资表现。

5.绩效考核有利于形成高效工作气氛

通过考核经常对员工的工作表现和业绩就进行检查,并及时进行反馈,既能及时发现人员任用是否合理,又能为适度的奖励和公平的待遇提供依据。这两个问题都是影响组织效率的重要问题,因此,正确的考核又有利于形成高效率的工作气氛。

6.绩效考核有利于共同目标的建立

绩效考核要求上下级对考核标准和考核结果进行充分沟通,这有助于组织成员间信息的传递和感情的融合。通过这样的沟通,可以促进员工相互之间的了解和协作,有助于员工的人员目标同现代组织目标达到一致,增强组织的凝聚力和竞争力。

从绩效考核的地位及作用上,我们可以看出,它在人力资源管理中占据着核心职能地位,对于人力资源管理的每一个环节都起着重要的作用,也一直贯穿于人力资源管理的措施中。可以说,如果能有效地找到科学有效的绩效考核方法,那么人力资源管理中许多问题,诸如如何更有效地开发利用现有人力资源、如何将人力资源的创新与企业效益达到一致等问题都可以迎刃而解。

诚然,由于绩效考核工作的主观性也决定了其操作的复杂性和困难性。美国著名人力资源专家韦恩·卡肖就指出“多少年来,有些人事管理专家一直在煞费苦心地寻找一种‘完美’的绩效评估方法,似乎这样的方法是万应灵药,它能医治好组织的绩效系统所患的种种顽疾。不幸的是这样的方法并未找到。绩效考核的过程是一个同时包含有人和数据资料在内的对话过程,这个过程既涉及技术问题,又牵连着人的问题”。的确,从人力资源管理发展的近半个世纪的历程来看,关于建立科学的绩效考核系统在理论及实际操作上都未有定论,仍在进一步的探讨中。

7.1.3 激励机制

心理学家认为:人的一切行为都是由某种动机引起的,动机是人类的一种精神状态,它对人的行为起激发、推动、加强作用,因此,称之为激励。从管理的角度考虑:激励是指激发人的积极性,勉励人们向期望的方向努力,激励是对员工的行为有目的的引导,良好的激励措施使员工的努力方向与组织目标趋势于一致,创造优良的绩效,实现组织目标。

人力资源管理的一项任务就是建立比较完善的激励机制,激发人们的工作热情、想象力和创造力。国际上很多著名企业通常采取利益激励、榜样激励、机制激励、感情激励、精神激励等手段,达到人力资本的自我繁殖、自我扩张,使企业拥有能长期保持高增值、高绩效水平的人力资本。企业管理中采用多种激励方式有助于企业吸引人才,有助于实现组织目标,从而提高企业和员工的工作效率和业绩。

现代企业的“激励机制”是关于企业所有者与经营者如何分享成果的一种契约,其目的是吸引最佳的经营人才,且最大程度调动他们的主观能动性。使企业经营者与所有者利益一致起来,使经营者能够努力实现企业所有者利益最大化。激励分为以下几种。

(1)目标激励

目标激励,就是确定适当的目标,诱发人的动机和行为,达到调动人的积极性的目的。目标作为一种诱引,具有引发、导向和激励的作用。一个人只有不断启发对高目标的追求,才能启发其奋而向上的内在动力。每个人实际上除了金钱目标外,还有如权力目标或成就目标等。管理者就是要将每个人内心深处的这种或隐或现的目标挖掘出来,并协助他们制定详细的实施步骤,在随后的工作中引导和帮助他们努力实现目标。当每个人的目标强烈和迫切地需要实现时,他们就对企业的发展产生热切的关注,对工作产生强大的责任感,平时不用别人监督就能自觉地把工作搞好。这种目标激励会产生强大的效果。

(2)尊重激励

我们常听到“公司的成绩是全体员工努力的结果”之类的话,表面看起来管理者非常尊重员工,但当员工的利益以个体方式出现时,管理者会以企业全体员工整体利益加以拒绝,他们会说“我们不可以仅顾及你的利益”或者“你不想干就走,我们不愁找不到人”,这时员工就会觉得“重视员工的价值和地位”只是口号。显然,如果管理者不重视员工感受,不尊重员工,就会大大打击员工的积极性,使他们的工作仅仅为了获取报酬,激励从此大大削弱。这时,懒惰和不负责任等情况将随之发生。

尊重是加速员工自信力爆发的催化剂,尊重激励是一种基本激励方式。上下级之间的相互尊重是一种强大的精神力量,它有助于企业员工之间的和谐,有助于企业团队精神和凝聚力的形成。

(3)参与激励

现代人力资源管理的实践经验和研究表明,现代的员工都有参与管理的要求和愿望,创造和提供一切机会让员工参与管理是调动他们积极性的有效方法。毫无疑问,很少有人参与商讨和自己有关的行为而不受激励的。因此,让职工恰当地参与管理,既能激励职工,又能为企业的成功获得有价值的知识。通过参与,形成职工对企业的归属感、认同感,可以进一步满足自尊和自我实现的需要。

(4)工作激励

工作本身具有激励力量。为了更好地发挥员工工作积极性,管理者要考虑如何才能使工作本身更有内在意义和挑战性,给职工一种自我实现感。管理者要进行“工作设计”,使工作内容丰富化和扩大化,并创造良好的工作环境。还可通过员工与岗位的双向选择,使职工对自己的工作有一定的选择权。

(5)培训和发展机会激励

随着知识经济的扑面而来,当今世界日趋信息化、数字化、网络化。知识更新速度的不断加快,使员工知识结构不合理和知识老化现象日益突出。他们虽然在实践中不断丰富和积累知识,但仍需要对他们采取等级证书学习、进高校深造、出国培训等激励措施,通过这种培训充实他们的知识,培养他们的能力,给他们提供进一步发展的机会,满足他们自我实现的需要。

(6)荣誉和提升激励

荣誉是众人或组织对个体或群体的崇高评价,是满足人们自尊需要,激发人们奋力进取的重要手段。从人的动机看,人人都具有自我肯定、光荣、争取荣誉的需要。对于一些工作表现比较突出,具有代表性的先进员工,给予必要的荣誉奖励,是很好的精神激励方法。荣誉激励成本低廉,但效果很好。另外,提升激励是对表现好、素质高的员工的一种肯定,应将其纳入“能上能下”的动态管理制度。

(7)负激励

激励并不全是鼓励,它也包括许多负激励措施,如淘汰激励、罚款、降职和开除激励。

淘汰激励是一种惩罚性控制手段。按照激励中的强化理论,激励可采用处罚方式,即利用带有强制性、威胁性的控制技术,如批评、降级、罚款、降薪、淘汰等来创造一种令人不快或带有压力的条件,以否定某些不符合要求的行为。

现代管理理论和实践都指出,在员工激励中,正面的激励远大于负面的激励。越是素质较高的人员,淘汰激励对其产生的负面作用就越大。如果用双因素理论来说明这一问题可能更易让人理解。淘汰激励一般采用了单一考核指标,给员工造成工作不安定感,同时也很难让员工有总结经验教训的机会。同时还会使员工与上级主管之间的关系紧张,同事间关系复杂,员工很难有一个长期工作的打算。

企业的管理者对于不同的员工应采取不同的激励手段。对于低工资人群,奖金的作用十分重要。对于知识分子及管理干部采取晋升职务、授予职称、尊重其人格、鼓励创新的方式会收到更好的激励效果。在员工获得物质奖励时增加某些精神鼓励因素,以激起员工的荣誉感、光荣感、成就感和自豪感,使激励效果倍增。

企业对员工的激励最基本的原则是"按业绩付酬"或职务晋升。世界上很多著名企业经理人员的收入一般都遵循报酬与绩效挂钩,股东与经理二者利益兼顾,固定收入与风险收入结合,以风险收入为主,直接确定与间接确定结合的原则。此外经理人员还能享受很多一般职工享受不到的"特殊待遇",如无偿使用公司车辆或飞机、带配偶旅行、报销招待费、定期体检及高额退休金等。经理人员的收入与其在公司中的地位相关,即职位越高,依此调动中下层管理者努力工作的积极性。很多著名跨国公司对经营者采取职务晋升、终身聘用,荣誉称号、较高的社会地位更事业型激励方式。

我国在计划经济体制下实行平均主义的分配方式,职工的工资与岗位级别挂钩,与工作业绩、企业经济效益关系不大,各岗位和级别间的工资差别不大。吃"大锅饭"的分配方式严重挫伤了职工的劳动积极性。从十一届三中全会到 20 世纪 80 年代中期"放权让利"为主线的企业改革取得了一些成效。但是这些措施只是对原有的制度某些方面的小修小改,没有从根本上冲破原有的人事管理框架。就我国目前的情况看,影响企业经营者队伍建设和经营者发挥作用的重要因素是激励机制不足,企业经营管理者特别是优秀企业家收入太低,经营者与一般员工收入的差别远低于发达国家经理人员与一般员工收入的差距。

我国正处在不断完善国有企业收入分配制度,建立健全的收入分配激励机制。少数企业实行以企业家年薪为核心的年薪制激励机制,使企业经营管理者的工资、奖金等收入与其承担的责任风险相适应。上海市已与 1999 年开始试行"股票期权奖励"制度,这表明企业家的价值和经济效益开始得尊重和认同。

7.2 核工业企业员工绩效考核

7.2.1 核工业企业绩效考核的状况分析

随着信息技术在中国的迅速发展,以及新的生产方式在国有大中型企业的推广,这种由生产力所带来的对管理的挑战,都对核工业企业人力资源制度产生了深刻的影响。此外,国外许多跨国公司纷纷在国内投资设厂,这些企业无论在产品竞争上还是在吸引国内杰出人才上都对国有企业人力资源的变革产生了越来越大的压力和冲击。纵观核工业企业在不断改革中所取得的成绩和面临的困境,我们可以看到在人力资源制度不断推进的同时,绩效考核的滞后已经成为制约核工业企业人力资源管理的瓶颈。核工业企业绩效考核落后的原因主要有以下几点。

1.人力资源管理观念落后

长期以来,我国对人力资源以及人力资本的特性和人力资源对企业业绩的影响作用等缺乏深入细致的研究,对人力资源的管理与开发采用的是粗放的、放任自流的方式,仅停留在"人事管理"上。企业也普遍忽视人力资源的资本性,甚至根本上就不承认人才是企业重要的生产要素而且是最稀缺的要素。因此,企业管理中对人这一特殊资产的保值、增值意识淡薄,忽略员工作为个体的能动性,对于绩效、考核、激励、约束等手段的采用都仅停留在计划时代的脚步,对人才的合理流动与竞争机制意识欠缺,企业在进行资产评估时也不考虑人力资产的价值,只知固定资产的折旧以及设备的更新改造,而不顾人力资产也具有需要追加投资、更新改造的特性,忽略或轻视用绩效考核系统科学对待人才及人才成就,以致一直未能建立起有效的人力资源开发与管理的保障、投资、绩效考核体制。

现在,虽然有的企业也在组织结构上设立了人力资源部,但在观念上还未完全从人事管理转变到人力资源的管理上来。总的来说,企业对员工的重要性的认识现在还仅仅处在人力资源管理的初级阶段,只注重人才的可用性,而忽视人才的发展性;企业人力资源还没有被提到是企业发展重要推动力的高度上去,没有建立起与企业发展相适应的人力资源管理与开发机制,职工的岗位培训、在职培训、继续教育仍被许多企业所忽视。

2.人才市场发育滞后

目前,我国人才、劳动力的流动大大滞后于物质流、信息流和技术流的流动,人力资源还处于粗放配置状态,人才合理配置所需的价格机制、竞争机制、供求机制尚未建立,政府的计划机制和行政性手段所起的作用依旧。而价值规律在人力资源管理中发挥作用很小,使得人才难以得到合理配置。而长期以来的行政干预又使得企业既存在大量冗余又急缺企业家和科技人才。人才积压和人才短缺的双重矛盾难以得到有效化解,不能以有效的绩效考核来激发人才的流动和开发管理,考核环境缺失,从而严重影响了核工业企业人力资源的整体开发和战略发展的实施。

3.政府职能转变过慢,相关配套的社会保障制度不健全

人才市场不健全、人才流动市场壁垒过高。导致企业首先失去发展的外因支持。政府职能转变缓慢,人才配置宏观调控乏力。政府对全社会人力资源的开发功能未能与管理功能同步建设发展,从而对人力资源的流动不能准确定位,调控手段单一、作用力度弱,人力资源流动和就业需求关系紊乱,造成人才价值不能得到公平实现,绩效考核体系没有赖以实施的工作平台。而依赖整个政府部门构建的社会保障制度的不完善又抑制了市场机制对人力资源配置、管理的基础作用,人才流动风险性大。这是导致人才难以合理流动,也难以用有效的考核激励机制激发人才发挥作用的一个重要原因。

4.企业内部人力资源结构不合理

核工业企业大多数始建于20世纪50~60年代,由于计划经济体制遗留下来的分配体制的问题,绩效考核得不到有效实施,对优秀人才起不到激励作用,对淘汰的人力资源又不能通过竞争消化而造成人才既“富余”又“奇缺”的两难状况。调查中发现,核工业企业普遍缺少高素质的中高层管理人员和从事产品研究与开发的科技人员。

5.经营者缺乏经营紧迫感。

核工业企业都是军工企业,以计划经济体制为主。虽然市场竞争、企业并购十分激烈,企业国际化经营趋势越来越明显,但由于企业经营者与企业经营好坏之间没有直接有效的考核手段,更没有直接的利益关系。因此,经营者普遍缺乏企业经营的冲动和创新意识,更对人才的引进与开发缺乏长远战略意识,对市场环境的变化缺乏敏锐的洞察力,也不能及时通过经营机制的调整适应市场的需求。

6.考核措施不得当

在核工业企业中,由于受分配体制缺乏效率及政府干预过多的制约,往往不能根据市场和效益来真正做到绩效考核,以致在考核中经常出现三类问题。

①绩效考核系统不科学,缺乏可行性。在制定考核方案时容易出现考核标准不严谨、内容不完整。致使在具体操作时对标准不能客观执行,也影响考核的结果。

②绩效考核的主体难做到公平公正。由于主持考核的人素质高低不一,加上企业人事关系的复杂性,如果没有专业的培训与素质在考核中容易以主观好恶来影响判断,导致绩效考核出现偏差。

③绩效考核结果不能有效利用。对于考核,往往由于各种因素,其结果不能及时公布而被增添一种“神秘”的面纱。有失公正之处,也没有相应的处理、申诉程序。这些,使得员工往往对于绩效考核的意义及作用感到沮丧或丧失信心。

7.2.2　完善核工业企业绩效考核的措施

近年来,有研究认为,在一个战略制胜的年代,让自己的公司有正确的公司战略,为公司的分部制定正确的竞争战略,当然是无比重要的。而如果打算让一个分部或一家公司改变战略,最好的办法是改变它的考核制度。针对核工业企业人力资源绩效考核的现状,我们认为,一是要健全绩效考核体系,二是要营造考核环境,三是要完善选拔激励机制。

1.建立全科学的绩效考核体系

如前所述,绩效考核是人力资源管理的核心职能之一,为各项人事决策提供客观依据。只有对员工的绩效进行公平、公正的鉴定和评价,才能认定员工的业绩贡献,改善员工的工作方法,激发员工的创新精神,开发员工的潜在能力,最终实现企业的整体目标。而绩效考核体系则是为实现这一目的而将考评主体、考评对象、考评要素、考评标准、考评办法、考评程序等要素组成的一个互相联系的整体。成功的绩效考核体系必须有效度、有信度,并具备敏感性、可接受性和使用性。所以,根据以往实践的经验,在建立科学有效的绩效考核体系时,我们提出这么一个过程:科学分类—确定原则—界定内容—规范流程—优选方法—有效实施。

(1)科学分类

由于绩效考核自身具有的复杂性、涉及数据与人的对话的特殊性,决定了绩效考核角度的多样性,也决定了绩效考核方法、手段的多样性。如果按考核性质划分,绩效考核可以划分为定性考核和定量考核。但两种考核方式中前者虽简单易行却主观性较强,后者虽客观些但量化的内容相对较窄,影响使用范围。所以,将二者相结合的做法通常是较好易行的方法。如果按考核主体划分,绩效考核可以划分为上级考核、专业机构人员考核、专门小组考核、下级考核、自我评价、相互评估、外部评价。这些方法的选择可以根据考核的目的具体而定,也可以结合几种方法综合评定。如果按考核形式划分,可分为口头考核与书面考核、直接考核和间接考核、个别考核与集体考核。如果按考核方法划分,有排序法、配对比较法、要素评定法、目标管理法等。如果按考核时间长度划分,可以分为日常考核、定期考核、长期考核、不定期考核。

(2)确定原则

在人力资源操作实践中,根据需要可以采用不同的考核方法。但无论采用何种考核方式,都要遵循以下原则。

①公平公正原则。公平是建立考核制度和实施考核工作的前提。考核公平合理,才能使考核结果符合考核对象的情况,并为人力资源管理其他环节提供确切的科学依据。客观准确是绩效考核公平的基础保障。在绩效考核过程中必须把工作标准、组织目标同考核内容联系起来,注意考核标准明确、考核体系和考核程序设计的客观统一。

在实施绩效考核时要保证考核制度严格、考核态度认真,结果应能够有效地对员工的工作效率高低予以区分,同时应注意考核方法的科学、全面。即使不同的考核主体按照同样的考核标准和程序对同一员工进行考核,结果也应是相同或相近的。同一考核主体对不同员工考核,应用相同的评估标准,避免“因人而异”和“有亲有疏”。

②可行性原则。由于世上万物都在不断发展变化之中,应用发展的观点看问题。在绩效考核中还应根据个体的发展情况、选择具体的考核方法。可采取立体考核的方法,即运用多种方式,从多层次、多角度、全方位进行考核。既有定性考核又有定量考核;既有集中考核,又有分散考核,还有集中分散相结合的考核;既有上级考核,又有下级考核;既有同级考核,又有自

我评价;既有本单位人员考核,又有外单位人员的考核等。360 度考核就是一种流行的立体考核方式。在条件许可的情况下,尽可能多地选用多种不同考核方法结合使用,不能只注重死材料或只进行静态的考核,而要注重现实表现,用发展的眼光看被考核者的态度行为、达到的业绩和个人素质的发展趋势,以提高考核结果的准确性、可行性。

③公开原则。考核的内容、标准和结果都应向考核对象公开,这是保证考核民主性的重要手段,考核公开也有利于增强员工对于组织的信任感和归属感;有利于考核的公平与合理,更有利于被考核者改正缺点、发扬优点,达到考核的目的。

(3)界定内容

考核内容的确定,是整个绩效考核体系的基础。从“绩效考核”一词的字面上看,是以实际成效为中心,注重劳动成果的。但仅仅看最终的“绩效”显然也是不够的,因此许多考核把员工的工作态度和行为也作为考核的重点内容。而我国在总结长期人事管理实践经验的基础上,借鉴国外考核管理的思想,本着客观、公平,全面考核人员政治、业务素质和培养德才兼备的高素质人才的原则,将“德、能、勤、绩”四个方面作为一个有机的整体来作为考核的内容。具体来说,德,指员工在工作中政治思想和道德品质的表现;能,指员工的业务知识和工作能力,即从事本职工作所须具备的基本能力和应用能力;勤,指员工在工作中的态度和勤奋敬业精神表现;绩,指员工工作的数量、质量、效益和贡献大小等。这四个方面的划分是粗略的,在实际操作中,还可以根据具体考核对象的不同,将这四大要素分解为体现工作性质及相关方面具体内容的项目,设置成实际用于考核的各项详细指标,将考核的各项指标的具体分值、打分标准合理分配。其中,德、能是业绩的基础,勤、绩是工作成果的具体表现,而以绩为考核中心。其理由在于绩是德、能、勤的综合体现。

(4)规范流程

绩效考核的流程通常包括以下几个步骤:

①制订考核计划。在明确考核的目的和对象后,选择考核内容和方法,然后根据不同的考核目的、对象、内容确定考核时间制订计划。

②进行技术准备。主要包括确定考核标准、选择或设计考核方法、培训考核人员。

③选拔考核人员。通常考核人员都会从直接主管、高层管理者、相关部门管理者、同级或下级人员中选拔。但有时根据需要也可由客户中选拔。

④收集信息资料。作为考核基础信息必须真实、可靠、有效,根据组织的不同采取不同的方法收集。

⑤评估与反馈。分析评价是由定性到定量再到定性的过程,其过程为确定等级、对同一项目不同考核结果的综合、对不同项目的考核结果的综合。接下来,要进行的就是将考核的结果进行运用:一是向员工反馈,帮助改进绩效;二是为人力资源管理任用、薪资、激励等措施提供依据;三是为企业自查提供科学依据。

(5)优选方法

绩效考核的方法根据分类、对象、原则、内容、流程的不同所运用的方法也各不相同。通常国际上广泛接受的有以下几种方法可供借鉴:序列法、配对比较法、强制分配法、标尺定位法、要素评定法、工作记录法、关键业绩指标法、目标管理法、360度考核法等等。不同的方法都有着各自的优缺点,具体使用时可以单一使用也可根据需要结合使用。

(6)有效实施

由于绩效考核本身所涉及的数据与人的关系十分密切,所以在实施时为确保考核结果的效度、信度,对绩效考核中可能出现的一些问题也要早做防范。在绩效考核过程中往往容易出现一些误差性的问题。大致可分为两种类型:一类与考核标准有关;另一类与主考人有关。与考核标准有关的问题又可细分为考核标准不严谨、考核内容不完整:与主考人有关的问题通常都是由于主考人自身的主观、片面性所造成的。此外,组织环境对绩效考核也可能产生负面影响。

为减少绩效考核中的偏差,保证考核过程和结果的正确性,需要采取以下措施来完善。

①采用客观性考核标准。用于考核绩效的标准,必须是与工作密切相关的,可以职务说明书或是职务分析作为依据来制定考核项目和标准。而一些主观性较强的品质因素(如主动性、热情、忠诚、合作精神等)虽重要但难以量化界定,所以除非可清晰定义一般尽量少采用。

②合理选择考核方法。尽管每一种考核方法都有其优缺点,但在选择时着重根据考核的内容和对象选择使考核具有较高信度和效度的方法,才能公平地区分工作表现不同的员工。

③由了解情况者进行考核。

④培训考核工作人员,使他们首先对考核方法、内容、标准有深刻的认识,还要了解在绩效考核过程中易出现的问题,以避免这些问题的出现。

⑤以事实材料为依据,避免主观片面性造成的误差。

⑥公开考核过程和考核结果。

⑦设置考核申诉程序,从制度上促进绩效考核工作的合理化。

绩效管理是一个完整的系统。在这个系统中,管理者和员工通过沟通的方式,将企业的战略、管理者的职责、管理的方式和手段以及员工的绩效目标等管理的基本内容确定下来,并共同实现绩效目标,从而实现组织的远景规划和战略目标。

企业员工绩效管理在国内的发展已经有几年了。作为一种代表当前国际上先进的管理理念和管理方法,越来越多的企业意识到,实施企业员工绩效管理体系,提升企业绩效管理水平,对于企业战略目标的实现和未来的发展有着重大意义。

2.绩效考核中存在的主要问题

(1)一把尺子量所有的人。改革开放后,许多企业,不问行业,不管对象,一提到考核,就是德、能、勤、绩。企业从上到下,都用同样的考核指标,都是同一套指标体系。“一把尺子量所有人”的考核,势必造成工作与考核两层皮。这样的员工绩效管理无法体现企业战略目标的价值；考核指标难以量化，结果也不准确、不科学；考核过程犹如走过场，无法引起员工重视；考核结果的应用效果不佳，干好干坏差不多的现象，已成影响有效激励和约束员工的痼疾。

(2)把绩效考核当作绩效管理。许多的企业在操作绩效管理时，往往简单地认为绩效管理就是绩效考核，做绩效管理就是做绩效考核表。这种误区使得许多企业在操作绩效管理时忽略了极为重要的目标制定、绩效管理培训、绩效反馈与激励等过程，忽略了绩效管理中需要掌握和使用的技巧与技能，在实施绩效管理中遇到了很多的困难和障碍，企业的绩效管理的水平也处于低层次徘徊。

(3)绩效管理脱离企业目标而流于形式。许多企业整体管理基础薄弱，绩效管理只是简单的就绩效谈绩效，成了单纯评价员工业绩的工具，不是从战略的高度帮助企业建立卓越的绩效管理体系，如此而使得绩效管理流于形式，没有发挥其应有的作用。

7.3　提高核工业企业员工素质

企业是以生产经营为中心的经济活动组织，要谋求利润来保障其生存和发展。企业在经济活动中要以商品生产或流通来实现利润，就需要包括场地、机器、设备、原材料等的生产资料和人来进行。而企业的生产经营任务要人去完成，机器设备要人去管理，企业的规章制度要人去贯彻执行，因而，在企业的各生产要素中，人是最重要的。

在企业员工中，人与人之间存在着差异，每个人的工作态度，技术业务水平都不尽相同，在企业的生产经营中起的效果也会不同。企业有好的员工队伍可以给企业减低生产成本，生产好的产品，带来好的声誉，赢得好的效益；差的员工队伍，使企业在市场激烈的竞争中穷途末路，四面楚歌。

中国核工业企业要科技兴核，不仅需要一大批掌握现代管理知识、懂技术的高级管理人才和具有高新技术、理论知识的技术人才，而且也需要一大批有丰富实践经验、勤奋敬业、技艺高超的技能人才。目前，从管理、技术、技能三支人才队伍整体素质上看与国内外一些高科技企业比较存在有较大差距，三支人才队伍中技能人才队伍差距更大，它有可能成为核工业多个集团公司发展的瓶颈。加快技能人才队伍建设，是摆在核工业人面前的一项极为重要的战略任务。

7.3.1　核工业企业技能人才开发、队伍现状及问题

1.高级技能人才队伍建设工作取得的成绩

成绩主要体现在三个方面。

一是高级技能人才培育工作在部分单位受到高度重视。原子能研究院、五〇四厂等一些

重点单位长期以来比较重视高级技能人才的培育工作,为核工业的高级技能人才队伍建设做出了重要贡献,被劳动保障部授予"国家技能人才培育突出贡献奖"单位。二是核工业企业涌现出一批技能水平拔尖的高级技能人才。先后有2人获国家级"中华技能大奖"荣誉,4人被国家授予"全国技术能手"荣誉称号,36人被授予"核工业技术能手"荣誉称号,还有一批被所在省市和所在单位授予"技术革新能手"等各种荣誉称号。如我国正负电子对撞机的研制成功是世界级尖端技术的突破,其谱仪线圈为世界最大线圈之一。在许多科研单位无法制作的情况下,原子能院高级技师崔宗渭大胆创新,在短时间内制作成功,受到中央领导高度评价。三是高级技能人才开发工作呈现良好前景。中核集团公司成立以来,特别是近一两年来,高级技能人才培育工作得到集团公司领导的高度重视,对技能人才开发工作加强了领导,加大了资金投入。总部各有关部门和基层单位积极配合共同努力,在较短时间内完成了《中华人民共和国职业分类大典》(核工业分册)初稿的编撰工作,核特有工种职业技能鉴定制度建设取得重要进展,首批核特有工种职业技能鉴定试点工作开始启动。这些成绩的取得为进一步加强高级技能人才队伍建设奠定了较好基础。

2.高级技能人才队伍建设存在的突出问题

根据中核集团公司人力资源部的统计资料分析,高级技能人才(一般是指具有高级技师、技师技术职务的操作人员)队伍建设存在4个方面的突出问题。

一是高级技能人才占技术工人的比例明显偏低。集团公司现有工人中技术工人占58%,有技师以上技术职务的仅占技术工人总数的2.3%。随着企业调整改革,提前退休、内部退养等人员分流措施的进一步实施,技师以上技术职务人员中有相当大的一部分都处在被分流的年龄段中。因此,今后几年内,集团公司的高级技能人才还将大幅减少。作为高科技企业现有技术工人中的高级技能人才的比重,无论是与核工业历史水平比较还是与目前国内高科技企业比较差距都是很大的。二是核特有工种高级技能人才严重短缺。集团公司现有的758名技师以上技术职务的人员中,核特有工种仅占39%。尤其是作为集团公司龙头产业的核电、核燃料企业高级技能人才短缺问题更为突出。核燃料系统核特有工种技术工人中技师占2.3%,高级技师占0.68%;核电企业技术工人中,高级技能人才占技术工人总数的1.2%。三是高级技能人才年龄结构老化,年龄在35岁以下的占7%,36岁至45岁的占38%,46岁至54岁的占45%,55岁以上的占10% 。四是高级技能人才学历层次偏低。大专学历以上的占3%,高中学历(中专、技校)的占52%初中学历以下的占45%。

3.影响高级技能人才队伍建设的主要原因

影响高级技能人才队伍建设的客观原因是多方面的。但主要有以下三点。

(1)国家政策调整的影响。从80年代初开始,核工业进入保军转民调整阶段军品限产停产,科研、生产任务严重不足,技能人才队伍建设开始受到严重影响。90年代末以来,核工业再一次进入产业结构、队伍结构的重大调整改革时期，工人队伍大量精简压缩。这 20 多年来除了核电等部分重点单位补充少量工人外，大多数企事业单位经济效益差，严格控制职工总量，工人队伍只出不进。核工业建设初期抽调的大批能工巧匠相继退休，技能人才的队伍得不到及时更新充实和培养提高。这是造成高级技能人才队伍青黄不接的最主要原因。

(2)职业技能鉴定工作滞后。20 世纪 90 年代初，国家开始建立职业证书制度，工人技术等级考试制度向职业技能等级鉴定制度转轨。通用工种职业技能鉴定逐步实行社会化，行业特有工种由行业主管部门归口负责逐步推开。由于种种原因，核特有工种职业技能鉴定工作没有及时跟上，造成 20 世纪 90 年代后期以来核特有工种技能鉴定、技师、高级技师考评工作一直处于停顿状态，技能人才的主要成长通道不畅通。

(3)对技能人才重视不够。在一些单位，重管理、专业技术人才轻技能人才的观念根深蒂固。对技能人才队伍建设不重视培养、培训舍不得投入资金设备，与管理人员、专业技术人员相比在工资、奖金、福利待遇等方面明显偏低，挫伤了技能人才学习知识、钻研技术的积极性。

7.3.2　加快核工业高级技能人才队伍建设

综上分析，中核集团公司高级技能人才队伍建设有喜有忧，但总体上来看是忧大于喜。目前所面临的高级技能人才队伍这种青黄不接与整体素质不高的现状，不仅影响到集团公司三支人才队伍的整体协调发展与建设，而且影响到集团公司竞争力的提高。尽快改变这一被动局面，是摆在集团公司面前的一项极为重要、极为艰巨的任务。随着集团公司调整改革步伐的加快，以军品任务为核心，以核电为龙头，以核科学研究和核燃料为基础，以核技术应用为新的经济增长点的新型核工业体系的逐步建立，对高级技能人才的需求不断加大，对高级技能人才的素质提出了新的、更高的要求。为此应从以下几个方面采取措施，加快推进高级技能人才队伍建设。

1.树立一个理念

针对部分单位存在重管理人才、专业技术人才、轻视技能人才的传统人才理念问题，要利用各种媒体结合核工业发展历史，通过典型事例大造社会舆论，宣传技术工人的历史贡献和重要作用。核工业要走科技兴核之路不仅需要一大批掌握现代管理知识、懂技术的高级管理人才和具有高新技术、理论知识的技术人才，而且也离不开一大批有丰富实践经验、勤奋敬业、技艺高超的技能人才。树立技能人才也是人才，是与管理、技术人才同等重要的新的人才理念，采取各种有利于技能人才成长的措施，确立技能人才应有的社会和经济地位，激发更多的技术工人刻苦钻研努力成长为高级技能人才。

2.营造一个氛围

积极推动群众性的职业技能竞赛和技术能手评选表彰活动,为高级技能人才营造一个脱颖而出的氛围。首先核工业企业或集团公司应对成员单位职业技能竞赛活动加强指导,组织经验交流,进一步推动成员单位内部开展群众性的职业技能竞赛和技术能手评选表彰活动;其次,通过技能竞赛选拔在重点工种(关键岗位)设立"首席技术能手"或"首席技术大师"、"首席技术导师"等荣誉称号并给予适当待遇,通过树立技术标兵,发挥示范作用。同时在集团公司范围内选择部分具有行业代表性工种组织开展以突出操作技能和解决实际问题能力为重点的职业技能竞赛活动;再者认真组织和开展行业技术能手评选表彰活动,积极做好全国中华技能大奖、全国技术能手、国防科技工业技术能手选拔推荐工作。

3.建好一个通道

职业技能鉴定是技能人才成长的必经之路,是加快高级技能人才队伍建设的主要通道。要采取两手一齐抓的办法全力推进职业技能鉴定工作。一是加快核特有职业资格技能鉴定体系建设。在总结《中华人民共和国职业分类大典》(核工业分册)组织编纂工作经验基础上,尽快启动职业标准、培训教材、鉴定题库编纂等后续工作,基本完成核特有职业资格技能鉴定体系建设。二是在推进核特有职业资格技能鉴定体系建设的同时,加快按《工人技术等级标准》(核工业分册)开展核特有工种职业技能鉴定(包括技师、高级技师考评)试点工作和核特有工种职业技能鉴定鉴定站建设等基础工作。

4.把好一个入口

推行职业资格证书制度和职业资格准入制度,是中央确定的一项旨在全面提高劳动者素质的重要举措。根据目前核工业企业技术工人持职业资格证书(含工人技术等级证书)上岗率底的现状,积极推进职业资格准入制度。首先在技术含量高、安全责任大的岗位加快推行持证上岗制度,并在一定时间内逐步扩大到所有技术工种。未取得本岗位技术等级资格证书的必须限期调离技术工种。新补充技术工人。没有获得高中、中专、技校毕业学历证书和不具备所从事岗位职业技术等级资格的不得录用。

5.完善一个机制

完善技能水平、实际贡献与待遇挂钩的激励机制,是吸引、留住高级技能人才和促进高级技能人才队伍成长的动力。一是在实行评聘分开、竞争上岗的前提下,对受聘的技师、高级技师、特级技师可在工资、奖金、住房等方面分别比照本单位中级、副高级、正高级专业技术职务人员待遇执行;二是根据获得国家级、省、部(集团公司)级、厂(院、所)级不同级别的技术能手分别给予奖励;三是完善技师津贴办法,对国家授予的《中华技能大奖》或国家级技术成果奖的高级技能人才比照管理、技术人员的政府特殊津贴给予特殊津贴；四是提高高级技工工资待遇；五是对到达国家法定退休年龄的身怀绝技绝活的高级技师、特级技师，若是工作需要、本人同意可暂缓办理退休或在办理退休手续后返聘，继续享受在职待遇；六是对负有带徒责任的技师、高级技师、特级技师根据其实际贡献，实行带徒津贴。

6.抓好一个培训

强化技能培训是提升高级技能人才的综合素质的重要手段。抓好高级技能人才的在职培训，采取企业培训与学校培养相结合、在职培训与脱产学习相结合、个人努力与企业社会支持相结合的多种方式，加强对高级技能人才后备力量的培养。一是依托成员单位现有的培训基地或委托重点高级职业学校，有计划地组织高级技能人才进行新技术、新材料、新工艺、新设备的培训，重点培养一批复合型的高级技能人才。二是利用成员单位与国外技术合作项目，组织优秀高级技能人才参加技术交流、技术培训。三是全面实施名师带高徒制度，积极鼓励现有的高级技能人才传授技艺，特别是身怀绝活绝技的高级技能人才，通过协议形式要求在聘期内带出若干名优秀徒弟并将此作为高级技能人才考核聘用的重要条件。

7.提供一个保障

领导重视和必要的资金支持是加强高级技能人才队伍的建设的重要保障。各级领导应结合本单位科研、生产发展的实际需要，制定切实可行的高级技能人才队伍建设发展规划，并像抓安全生产责任制一样把高级技能人才队伍的建设列入本单位的发展目标。单位主要领导要亲自抓落实，要加大高级技能人才开发经费的投入力度。技能人才比管理、技术人才开发更复杂，技能人才培训、培养大部分是在单位内部进行，因此投入资金更大。除了按比例提取的职工教育经费确保专款专用外，还应广开渠道，筹措资金。在单位效益增长的基础上，使高级技能人才的培训经费逐年有所增加。

高级技能人才队伍是核工业企业发展的重要力量。抓好高级技能人才队伍建设既是一项重要的基础性工作，也是一项十分复杂的系统工程。只有通过坚持不懈的努力，才有可能建立起一支技艺精湛、技能高超，素质精良、结构合理、具有较强竞争力的高级技能人才队伍，为企业的发展提供可靠的人才保障。

7.3.3　提高核工业全员的素质

面对核工业企业员工素质现状与要求之间的差距，企业需要及时采取措施以改变队伍现状，要做好以下几方面的工作。

(1)抓紧专业技术和文化知识的培训

为适应生产经营竞争发展的需要，提高业务水平，企业要有针对性的办专业技术培训班，采取缺什么补什么的方式,训练提高专业技术较差的员工的技能水平。选送人员到大专院校进行专业进修培训,以使某些专门人才得以提高,掌握有竞争力的前沿学科知识。鼓励员工参加函授教育。特别是系统行业内的中专函授教育或大专、大学本科函授教育,以提高员工的文化水平。开展技术知识竞赛、岗位练兵。通过竞赛,促使员工争当岗位能手、业务尖子,以提高技术业务水平。建立培训基地。对新进企业人员先进行专业技能和管理的培训,培训做到正规、规范,人员经考试合格后才能上岗工作。对于原在岗不胜任工作的人员也要分批送培训基地进行规范培训,以使其达到上岗要求,否则就下岗淘汰。在员工的培训上要学习国外先进企业的经验和方法,舍得投资,花大本钱,培训提高了员工的水平,给企业带来的是无法估量的增益。同时要勉励职工树立勤于学习的风气,唯有通过学习才能提高、充实自身,才能免于淘汰。

(2)抓紧思想政治道德教育,重视企业育人

一个人从小到大会接受到四种教育:一是家庭教育,二是学校教育;三是企业教育;四是社会教育。人从小最初接受的是家庭启蒙教育,伦理道德教育,为人处事教育,建立看世界的观念雏形。少年青年时期到学校接受文化知识教育,思想品德教育,身体素质训练,做到德智体全面发展。参加工作后,在企业里要接受厂规厂矩教育,专业技能训练,职业责任、职业道德、职业纪律、职业技能等教育。而在八小时以外接受的影视文化,三朋四友谈天说地经历感想,社会上所见所闻,各种事例的影响则是社会教育。而社会事物良莠鱼龙混杂,是形形色色的大染缸,对一个人思想影响很大。思想道德素质从教育培训中来,家庭、学校、企业是培养好思想的重要场所,特别是参加工作后,更要由企业培育。

企业员工要有好的思想道德素质,做到遵章守纪,遵守职业道德,热情优质服务,摒弃不良风气和歪门邪道,这就需要企业对员工不仅进行技术业务培训,还要非常重视思想道德及情操教育。企业不仅使用人,还要培育人,要对员工进行法制教育,四职教育,进行"公民道德建设纲要"学习教育,使职工能自觉的做到有社会公德,职业道德,家庭美德,不出现有违纪违法和影响企业声誉的事情。要以先进的榜样作典范激励职工树立高尚情操,优良品德。同时对思想品德较差的职工要特别注意做好转化工作。注重帮教,促使其转变进步。

(3)注重员工知识更新

员工在企业里工作的时间短的几年,长的二、三十年以上。工龄长的职工,经验丰富,但原本的知识更陈旧。现在世界已进入知识经济时代,高科技知识给企业带来的效益按过去的方法是无法计算估量的。知识信息更新的速度越来越快,据有关资料介绍,一项新知识、技术产品,其新颖的寿命最多5年,就将被更新的知识、技术产品所淘汰。现在电脑进入办公室,进入家庭,微电脑芯片在各种机器电气设备中普遍使用。联合国教科文组织提出不懂电脑的为文盲,按此标准衡量,大多数老职工都成了现代的新文盲。时代和知识前进的快步伐,令企业老员工应接不暇,带来了知识的危机,新技术缺乏的危机。而企业要发展,就必须使员工不断有接收新知识新技术的机会,及时进行知识更新。这就需要企业举办各类学习班、培训班、专业讲座。请有关专家教授讲科技发展、经济发展形势、行业发展动态、前沿技术等等,让企业员工

及时掌握相关的新知识,新技术,新方法,同时要鼓励员工不断主动自费学习,不断给大脑充电,以适应发展的新形势。

(4)培育积极的团队精神

企业是职工之家、职工之家要有对员工的凝聚力,以使全体员工能主动积极为企业目标而奋发努力。企业要培育出具有本企业特色的文化精神,以激励职工,并能把企业经营得兴旺火红,有知名度,效益高。同时关心员工,尊重员工,让员工在此工作有荣誉感、自豪感。这样,员工就会以企业为家,为企业着想,与企业同甘共苦。还要经常开展集体活动,各种小组活动,合理化建议活动,文化活动等,以努力培育员工的集体主义精神。爱企如家的精神。团结就是力量,企业有了这种强烈的团队精神,就会战无不胜。

事物总是在发展变化,企业员工队伍状况也是在不断发展变化着的。对企业员工队伍素质的现状,企业需要进行认真分析,掌握员工队伍的结构、文化、年龄、业务、责任心、思想品德状况等,从群体到个体,分别找出存在的差距和问题,下工夫在教育培训上投放人才财力物力。通过规范的训练来提高员工的综合素质,高素质的员工队伍卓有成效的工作给企业注入旺盛的生命力,企业将会兴旺发达,无往而不胜。

(5)培养员工的献身精神

员工献身精神的培养与企业人力资源管理效用的提高在人力资源管理领域提得最响。美国佛罗里达国际大学管理学与国际商业学教授加里·德斯勒在他撰写的《人力资源管理》一书中,将赢得雇员的献身精神视为成功的人力资源管理基石,并提出在企业每个人力资源管理的实践环节中进行雇员献身精神的培养。该书自年面世以来行销全球,翻译到我国后也成为人力资源管理的经典著作之一。因其影响,使得赢得员工献身精神的口号也时髦起来。但德斯勒在书主要是借用员工献身精神确立人力资源管理的价值观,并没有对员工献身精神进行规范的研究。作为一种人力资源管理的指导原则,员工的献身精神之外,又有所谓的员工忠诚度、员工的企业责任感等等相互雷同的概念。

对于大多数的企业的人力资源管理,最核心和根本的需求就是培养员工的献身精神。人力资源是企业的重要资源,但只有符合企业发展需要的员工才能成为企业最重要的资源,这就要求员工具有对企业的献身精神。所以培养员工的献身精神既可以提高企业人力资源管理效用,又是企业人力资源管理效用发挥的具体体现。

第 8 章　核工业企业员工的职业道德

8.1　职业道德与核工业企业发展

8.1.1　职业道德的定义

职业是人们在社会生活中,由于社会分工而形成的具有专门业务和特定职责的社会行动,是劳动者稳定地取得生活来源所从事的工作。道德是人类社会现实生活中,由经济关系决定的,依据人们的内心信仰、传统习惯和社会舆论并辅以法律、行政等手段来维持的原则规范、行为活动和心理意识的总和。

职业道德是人们在一定职业活动范围内应当遵守的,与其特定职业活动相适应的行为规范的总和。职业道德的含义包括以下八个方面:

(1)职业道德是一种职业规范,受社会普遍的认可;

(2)职业道德是长期以来自然形成的;

(3)职业道德没有确定形式,通常体现为观念、习惯、信念等;

(4)职业道德依靠文化、内心信念和习惯,通过员工的自律实现;

(5)职业道德大多没有实质的约束力和强制力;

(6)职业道德的主要内容是对员工义务的要求;

(7)职业道德标准多元化,代表了不同企业可能具有不同的价值观;

(8)职业道德承载着企业文化和凝聚力,影响深远。

要理解职业道德需要掌握以下四点:首先,在内容方面,职业道德总是要鲜明地表达职业义务、职业责任以及职业行为上的道德准则。它不是一般地反映社会道德和阶级道德的要求,而是要反映职业、行业以至产业特殊利益的要求;它不是在一般意义上的社会实践基础上形成的,而是在特定的职业实践的基础上形成的,因而它往往表现为某一职业特有的道德传统和道德习惯,表现为从事某一职业的人们所特有的道德心理和道德品质,甚至造成从事不同职业的人们在道德品貌上的差异。如人们常说,某人有“军人作风”“工人性格”“农民意识”“干部派头”“学生味”“学究气”“商人习气”等。

其次,在表现形式方面职业道德往往比较具体、灵活、多样。它总是从本职业的交流活动的实际出发,采用制度、守则、公约、承诺、誓言、条例,以至标语口号之类的形式,这些灵活的形式既易于为从业人员所接受和实行,而且易于形成一种职业的道德习惯。再次,从调节的范围来看，职业道德一方面是用来调节从业人员内部关系，加强职业、行业内部人员的凝聚力；另一方面，它也是用来调节从业人员与其服务对象之间的关系，用来塑造本职业从业人员的形象。

最后，从产生的效果来看，职业道德既能使一定的社会或阶级的道德原则和规范的"职业化"，又使个人道德品质"成熟化"。

职业道德虽然是在特定的职业生活中形成的，但它绝不是离开阶级道德或社会道德而独立存在的道德类型。在阶级社会里，职业道德始终是在阶级道德和社会道德的制约和影响下存在和发展的；职业道德和阶级道德或社会道德之间的关系，就是一般与特殊、共性与个性之间的关系。任何一种形式的职业道德，都在不同程度上体现着阶级道德或社会道德的要求。同样，阶级道德或社会道德，在很大范围上都是通过具体的职业道德形式表现出来的。同时，职业道德主要表现在实际从事一定职业的成人的意识和行为中，是道德意识和道德行为成熟的阶段。职业道德与各种职业要求和职业生活结合，具有较强的稳定性和连续性，形成比较稳定的职业心理和职业习惯，以致在很大程度上改变人们在学校生活阶段和少年生活阶段所形成的品行，影响道德主体的道德风貌。

8.1.2　职业道德的特点

职业道德具有以下特点。

(1)职业道德具有适用范围的有限性

每种职业都担负着一种特定的职业责任和职业义务。由于各种职业的职业责任和义务不同，从而形成各自特定的职业道德的具体规范。

(2)职业道德具有发展的历史继承性

由于职业具有不断发展和世代延续的特征，不仅其技术世代延续，其管理员工的方法、与服务对象打交道的方法，也有一定历史继承性。如"有教无类""学而不厌，诲人不倦"，从古至今始终是教师的职业道德。

(3)职业道德表达形式多种多样

由于各种职业道德的要求都较为具体、细致，因此其表达形式多种多样。

(4)职业道德兼有强烈的纪律性

纪律也是一种行为规范，但它是介于法律和道德之间的一种特殊的规范。它既要求人们能自觉遵守，又带有一定的强制性。就前者而言，它具有道德色彩；就后者而言，又带有一定的法律的色彩。就是说，一方面遵守纪律是一种美德，另一方面，遵守纪律又带有强制性，具有法令的要求。例如，工人必须执行操作规程和安全规定；军人要有严明的纪律等等。因此，职业道德有时又以制度、章程、条例的形式表达，让从业人员认识到职业道德又具有纪律的规范性。

8.1.3 职业道德的社会作用

职业道德是社会道德体系的重要组成部分，它一方面具有社会道德的一般作用，另一方面它又具有自身的特殊作用，具体表现在以下几方面。

(1)调节职业交往中从业人员内部以及从业人员与服务对象间的关系

职业道德的基本职能是调节职能。它一方面可以调节从业人员内部的关系，即运用职业道德规范约束职业内部人员的行为，促进职业内部人员的团结与合作。如职业道德规范要求各行各业的从业人员，都要团结、互助、爱岗、敬业、齐心协力地为发展本行业、本职业服务。另一方面，职业道德又可以调节从业人员和服务对象之间的关系。如职业道德规定了制造产品的工人要怎样对用户负责；营销人员怎样对顾客负责；医生怎样对病人负责；教师怎样对学生负责等等。

(2)有助于维护和提高本行业的信誉

一个行业、一个企业的信誉，也就是它们的形象、信用和声誉，是指企业及其产品与服务在社会公众中的信任程度，提高企业的信誉主要靠产品的质量和服务质量，而从业人员职业道德水平高是产品质量和服务质量的有效保证。若从业人员职业道德水平不高，很难生产出优质的产品和提供优质的服务

(3)促进本行业的发展

行业、企业的发展有赖于高的经济效益，而高的经济效益源于高的员工素质。员工素质主要包含知识、能力、责任心三个方面，其中责任心是最重要的。而职业道德水平高的从业人员其责任心是极强的，因此，职业道德能促进本行业的发展。

(4)有助于提高全社会的道德水平

职业道德是整个社会道德的主要内容。职业道德一方面涉及到每个从业者如何对待职业，如何对待工作，同时也是一个从业人员的生活态度、价值观念的表现；是一个人的道德意识，道德行为发展的成熟阶段，具有较强的稳定性和连续性。另一方面，职业道德也是一个职业集体，甚至一个行业全体人员的行为表现，如果每个行业，每个职业集体都具备优良的道德，对整个社会道德水平的提高肯定会发挥重要作用。

8.1.4 职业道德与社会道德的界分

所谓社会道德，是指社会普通成员所应该具备的、为社会主流群体所普遍接受并倡导的品性和德行。二者的区分如下。

(1)职业道德具有专业性，社会道德具有普及性

职业道德是针对特定职业群体在品性和德行方面提出的特殊要求，它只适用用特定的社

会集群；而社会道德是社会主流意识形态对社会普通成员在品性和德行方面提出的要求。二者是专业性和普及性的关系，不是部分和整体的关系，职业道德具有义务强加和豁免方面的内容，而这是社会道德所不具备的。

(2)职业道德依据职业规范贯彻落实，社会道德依据社会强制力施行

职业规范在职业共同体内部具有法一样的强制力，违反职业道德的成员，会受到职业规范的惩戒，甚至被剥夺职业资格。而社会规范没有完整的系统，它通过新闻媒体、群众舆论等表现出来，这些都是社会强制力，这些强制力的大小强弱，很大程度上取决于对象的抵抗能力，有的人，心理抗压能力相当顽强，什么舆论不舆论，你喊破了天，她权当没听见！而有的人很腼腆，大家稍微说几句，她就受不了，效果相当明显。

(3)从功用上看，职业道德旨在维护特定职业群体的社会信用，而社会道德在维护社会主流意识形态的支配和统治地位。前者适用于在特定职业共同体中的所有成员，而后者只是适用于社会的主流群体，在一辆公交汽车上，你无法要求一个80岁的老人“爱幼”，给一个5岁的儿童让座；同样你也不能要求一个5岁的儿童“尊老”，给一个80岁的老人让座。因为，在“尊老爱幼”这条社会道德下，80岁的老人和5岁的儿童都是权利人，而非义务人，但是他们只是尊老爱幼这条社会道德下的边缘群体，不是主流群体，否则，这条社会道德根本就不能存在。

8.1.5　职业道德和企业的发展

从职业道德的定义中我们可以看出，职业道德不仅对员工个人的生存和发展有重要的作用和价值，而且与企业的兴旺发达甚至生死存亡也密切相关。员工具有良好的职业道德，不仅有利于增强企业凝聚、有利于企业的科技创新、有利于降低产品成本，提高产品和服务质量，从而有利于树立良好的企业形象，提高产品的市场竞争力。

(1)职业道德是企业文化的重要组成部分。企业文化是企业的经营之道，但企业文化必须以员工为中介，借助员工的种种生产、经营和服务行为来实现。因此，员工具有较高的职业道德，就有助于企业文化发挥它最大的功能和作用。

(2)职业道德是增强企业凝聚力的重要手段。企业是社会性的组织，这就要求企业所有的员工都能相互宽容、相互谦让、团结互助。因此，员工具有较高的职业道德，就有助于提高企业凝聚力，为企业的经营发展产生积极作用。

(3)职业道德有利于企业提高产品和服务的质量。质量是企业的生命，保证产品的质量和为顾客提供最优质的服务是企业生存和发展的根本。因此，重视员工职业道德的教育和提高，是企业在市场中依靠质量赢得客户的关键所在。

(4)职业道德可以降低产品成本，提高劳动生产率和经济效益。企业在生产经营中，需要花费很多的成本。因此，员工具有较高的职业道德，珍异资源、珍异时间、企业就能有效的降低成本、提高利润率，保证企业的发展和繁荣。

(5)职业道德可以促进技术进步,协助实现企业发展目标。激烈的市场竞争形势下,新技术新产品的开发关系着企业的生死存亡。企业能否开发出新技术新产品,关键在于员工。因此,员工具有良好的职业道德,就有利于形成企业的创新氛围,有利于企业的技术进步,有利于企业在激烈的竞争中立足。

(6)职业道德有利于企业树立良好形象,打响企业品牌。形象与品牌是企业的核心,是企业生产经营、管理文化的结晶,它的高低直接反映着企业的综合素质。因此,员工具有良好的职业道德,为企业恪尽职守、对产品精益求精,就能树立良好的企业形象,打响企业品牌。

职业道德关系着企业的生存发展,它与企业的管理有着密切的关系。职业道德是指企业员工在生产活动中所应遵循的,依靠人的内心信念和社会舆论、传统习俗等非强制性手段维系的,以善恶评价为标准的规范、意识和行为活动的总和,企业的现代管理则注重以人为本,育人为主,既把人作为管理的客体,又把人作为管理的主体,通过道德建设和熏陶,培养高素质的群体,树立员工认可的信念和行为准则,来推动企业发展。正是因为职业道德与现代化管理目标的一致性,以及改善企业管理有重大的促进作用。因此,把企业职业道德建设纳入现代企业管理的过程中,把其视为一种软管理的手段,对企业的发展产生积极的作用。

企业道德规范虽然和企业的其他规章制度一样,都是保证企业处于正常运行状态的手段,但在具体的运作方式上,却并不相同,所起的作用和发生的效力自然也不一样,规章制度依靠行政制裁的力量来维持,违反了规章制度,就要受到行政制裁,是企业运行的一种硬约束或制度约束;职业道德规范则是通过人的内心信念和社会舆论来完成其使命的,是一种软的约束或叫意识约束,这种软约束却具有比规章制度硬约束更大的威力和强令性。对企业规章制度的遵守是基于舆论的压力和良心的谴责,任何不道德的行为都难以逃脱道德的"审判",这种审判往往使人坐卧不安,无地自容,对企业职工来说,不管你知不知道道德规范,也不管你愿不愿意接受道德约束,道德都毫无例外地要求执行,否则会招致强大的道德压力。在此意义上可以说,对道德的认同和遵守同对规章制度的遵守一样都是出于强制,只不过道德还增加了一种内在意识强制性而已,这种内在意识强制往往更能直入人心,震撼灵魂,心悦诚服,道德魅力亦系于此。

不仅如此,职业道德除了具有这种自律性的强令性特点外,更主要或最终还是靠人的内心信念的自律来发挥作用。道德规范一旦上升为企业员工的理性意识,就会变成员工的自觉行为,长久发生影响,乃至伴随人的一生。道德的自律性特点构成了职业道德的本质特征,它使职业道德的效力更持久,更稳定,为企业输入了绵绵不尽的内在发展的动力。

8.2 职业道德与核工业人自身的发展

从职业道德的定义中我们可也看出,职业道德与行业、企业有着密切的关系。人是生产力中最积极、最活跃、最能动的因素。企业员工的技能和素质,往往决定着产品的质量和竞争力,决定着企业的兴衰。加强核工业职工职业道德建设是企业精神文明建设的重要内容,对于提高职工队伍思想道德素质,培养“四有”职工队伍,促进企业开创社会主义精神文明建设新局面,具有重要意义。

职业道德建设的目的在于提高职工队伍思想道德素质,职业道德是与人的职业角色和职业行为相联系的一种高度社会化的角色道德,集中地体现着社会关系及其本质要求。社会主义企业职业道德的核心是为人民服务,以集体主义为原则,以加强职业道德为中心环节,就是要通过教育养成、唤起职工的职业情感,使之从内心产生一种对自己所从事职业的需求意识和深刻理解,进而把职业道德各种要求内化为自己的行为规范和自觉行动,形成爱岗敬业、服务人民、艰苦创业的精神风范。

众所周知,一个企业要在优胜劣汰的激烈竞争中取得优势,就得有一支高素质的职工队伍。在建立社会主义市场经济过程中,不仅要引导职工破除计划经济和粗放经营时形成的旧观念,而且要使思想认识跟上形势发展变化。市场经济不仅讲功利、讲竞争,也讲道德、讲文明。从某种意义上讲,市场经济既是法制经济,也是道德经济。良好的职业道德不仅可以带动企业整体素质的优化,而且可以增强企业的竞争力。此外,加强职业道德建设,有助于克服市场经济对精神文明建设的负面影响。当前,我们首先要加大职业道德规范的宣传和教育力度,建立明确的职业道德规范机制,开展全员岗位塑造形象活动,形成爱岗敬业光荣的良好氛围,以增强全体职工讲职业道德的意识。二要运用多种载体,把职业道德规范渗透到工作、生产、经营、服务的全过程,把加强职业道德建设纳入单位双文明建设、升级达标和评先推优等一并考核,使职业道德规范成为思想政治工作与生产经济工作紧密结合的切入点。工会和共青团组织要把加强职业道德规范贯穿于对职工的岗位道德、个人品德和社会公德教育等系列活动中去,从而形成各方配合,齐抓共管的良好局面。三要完善激励制约机制。良好职业行为的养成,仅靠说服教育是不够的,还必须辅以严格的管理制约和建立激励机制,没有一套激励制约机制,职工可能会因环境所迫或凭一时的工作热情而遵守职业道德,但时间一长,就很难保持下去。因此,企业要在加强职业道德教育的同时与经济责任有效地挂起钩来,奖优罚劣。以此巩固职业道德教育的成果,达到提高职工整体职业道德水平的目的。在企业的劳动关系上,要尽量做到相对稳定,鼓励职工安心工作,热爱企业,要关心职工,理解职工,帮助解决职工的实际困难,不断改善职工的工作环境。

总之,职业道德建设是一项系统工程,这就要求企业要精心设计策划,分步组织实施,形成机制,常抓不懈,使广大职工在健康有益的环境气氛中逐渐养成敬业精神、乐业意识、勤业作风和精业态度。如中核集团二〇二厂是中国核工业集团公司的重要成员单位,曾为我国“两弹一艇”的研制成功作出过贡献,受到过国务院嘉奖,同时也孕育了曾激励二〇二厂几代创业者特有的企业文化。近几年,企业在积极进行军工生产科研能力结构调整的同时,步入核电发展领域,建成了我国第一条重水堆核电燃料元件生产线,目前正在建设压水堆核电燃料元件生产线,现为军核民结合型国家重点保军企业。长期以来,企业坚持用军工文化凝聚职工力量,用军工特色文化深化军工文化建设，坚持“国家利益至上”的宗旨，大力弘扬“两弹一星”精神，为企业和谐、健康、快速发展提供精神支撑，企业面貌发生了根本性改变：企业经济结构不断得到优化，综合实力明显增强，销售收入和在职职工人均收入年均呈现大幅增长，企业经济发展步入良性循环。

企业精神是企业文化的核心和灵魂，是凝聚职工的精神支柱，是企业生存和发展的信念力量。在长期的创业实践中，公司全体干部职工大力倡导艰苦创业、尊重科学、一丝不苟的优良传统和作风，形成了“开拓、献身、求实、奋进”的企业精神，成为凝聚人气、锐意进取、团结奋斗的企业“精、气、神”。20 世纪 80 年代初，随着国防工业进行战略性调整，发展核电被摆在重要位置，公司抓住为我国首座核电站——秦山核电站供料的难得机遇，凭借军品技术和科技人员密集的优势，制造出首炉质量优良的 30 万千瓦核燃料元件及相关组件，填补了我国核电元件制造的空白。

核工业人以严肃认真、一丝不苟、忘我工作、无私奉献的责任感和事业心，把军转民二次创业过程，作为企业转轨变型、面向市场、奠定建造现代一流企业基础的过程。企业以创业目标、创业精神凝聚、鼓舞、激励职工的过程，企业应用以人为本的思想加强企业生产经营管理、尊重职工的主人翁地位、加强职工民主管理的过程，职工转变观念、继续弘扬三线精神、构筑具有新时代特征的共同价值观的过程，也就是形成核工业企业个性特色的企业文化的过程。

瞩目 21 世纪的时空，随着经济全球化的深入发展，科学技术、人力资本含金量的迅速提高，用什么感召未来，以什么凝聚队伍，靠什么实现共同愿景？核工业企业通过企业文化理念的调研、专题大讨论、发动干部职工挖掘、总结、提炼，构建了企业文化理念、企业精神、企业目标，又确定了质量观和安全观，不断深化核工业企业文化的内涵。同时坚持以培育“四有”职工队伍为目标，充分发挥各种宣传载体的作用，坚持开展弘扬、贯彻企业精神的活动，充分利用办公自动化系统，建立《企业文化》网页，开通电子论坛、员工信箱等，及时将企业文化建设的任务、要求通过 OA 网发布，让职工随时学习并沟通反馈，建立起职工自我学习、自我教育的平台，鼓励职工勇于创新、大胆创新，并通过不断吸收新观念、新思想、新技术，以务实的态度和方法不断持续改进，从而使企业精神在全体职工中得到了充分的体现，激励职工把自身的发展融于企业的发展之中，想企业事，尽主人责，成就自我，追求卓越。

新阶段、新形势，面对我国当前对外开放步伐的加快和建设和谐社会的迫切需要，以及党中央“科学发展观”的准确论断；面对我国国防核战略、核政策、核发展出现新态势和国内经济发展对核能需求日益增长的局面，中国核工业的优势适时得以彰显，历史和使命再一次选择了核工业，作为核工业本身，应该紧跟时的代步伐，牢牢把握发展脉搏。我们不仅要对内抓住机遇、科学决策，还必须对外“把门打开”，具备“敞开心扉，拥抱世界”的博大胸襟和坚强的自信，塑造崭新的核工业企业文化。因为，企业品牌要靠文化来宣传，企业信誉要靠文化来传播，企业形象要靠文化来塑，企业持续发展依靠核心竞争力，核心竞争力来自于技术，技术源于管理，而管理靠的是企业文化——先进的企业文化是企业腾飞的翅膀。这就要求我们，必须充分认识自然，充分超越自我，充分展示自我，借以形成独树一帜的、别具一格的、适应核工业发展需要的企业文化。

充分认识自我，就是要着眼未来，立足现实，以科学的发展观，认识企业文化的魅力所在。核工业在40多年的奋进历程中，已经形成了具有自身特色的价值观念、信仰追求、经营、管理作风、行业准则、在科技技能、传统风格、典礼仪式以及企业良好的现象，只要我们不断追求创新核工业特色的现代化管理模式，为之注入新鲜的“血液”，我们就能更好地继承和发扬核工业精神，以更强烈的历史使命感和责任感，胸怀核工业发展的远大理想，为我国军事和经济建设作出新的贡献。

充分超越自我，就是核工业要通过科学的管理手段和经营理念，在核技术文化、核质量文化和核安全文化方面，锻造和培养成与众不同、别具特色富强、民主、文明的现代化企业，在当前日趋激烈的竞争中，靠独一无二的核技术文化、核质量文化和核安全文化来树立社会公信力和国际知名度，最大限度地占领更大的市场份额和发展空间，为保持核工业的可持续发展和强大的市场竞争力发挥巨大的聚集效应，大兴科技之风，大修发展之为，既可实现我国核军事震慑力不断强大目的，又能创建经济建设雄厚的实力，最终使核工业在每一个历史新起点都能立于潮头，作时代强音。

充分展示自我，就是要重新塑造核工业的精神文化、制度文化和形象文化。通过塑精神文化，树立核工业人的理想信念和核心价值观，指导和确定核工业的发展方向、发展目标和发展战略；通过塑造制度文化，树立核工业以人为本的经营理念，确立起制度面前人人平等的理念，努力把人力资源上升为人才资源，培植新型多能的核工业人才队伍；通过塑造形象文化，积极稳妥地搞好舆论宣传引导工作，让核工业科技增强国力、造福社会的功能与作用为人民所了解，让核工业人的风采走进千家万户，让核工业的魅力走向世界，借以重新塑造一个新的核工业形象。

社会是在不断发展进步的。当今这个改革开放时代，已经不再需要我们核工业继续做“沉默的羔羊”，社会发展为核工业充分展现自我提供了巨大的空间。今天，在这个竞争激烈、发展迅猛、信息畅通、社会转型的新时期，我们更需要大力弘扬核工业企业文化，更需要凝聚强大的力量，更需要激励年轻的一代来勇敢地承担振兴核工业的重担。

榜样的力量是无穷的。我们通过建立和弘扬核工业企业文化，才能激发豪情，才能产生动力，才能鼓舞士气，才能昂扬斗志。目前，核工业已经再次受到党中央、国务院以及国家领导人的高度重视，中国核工业产业也进一步受到世界各国的关注，这是一个良好的开端。我们应当牢牢抓住塑造企业文化的契机，继往开来，再接再厉，更充分、更真诚、更迫切的展现行业特色，吸引外界眼睛，让核工业这一新能源的发展势头成为最强劲的音符，独领新能源风骚。

时代在进步，科技在发展。我们甚至可以言断：在当今的科技信息时代，谁拥有文化优势，谁就拥有竞争优势、效益优势和发展优势。核工业要建立新型的一流企业，就更需要企业文化这样一种现代化企业管理思想贯穿始终，统领企业灵魂，以人文文化的创新，激发职工的作为，提高核心竞争力。从这一点上来说,核工业的优势是非常明显的,既有现成的"两弹一艇"精神作为力量源泉激励后辈,又有尖端国防科学技术在不断创新,文化基础的底蕴是厚实的,只要我们及时根据形势和需要,进行调整更新、丰富和发展企业文化的内涵,只要我们确立以文化力提升生产力,以无形资产增殖有形资产,以现代化管理理论创新经营管理实践,把企业文化建设融入到企业生产经营和全方位管理中,核工业就必将在第三次创业中赢得最终胜利。

风物长宜放眼量。文化是潜移默化的,文化是口手传承的,它需要长期、持续、创新地培植。诚如是,则核工业企业文化必将更加发扬光大,惠泽所有核工业人,激发所有核工业企业,激励我们第三次创业的决心和信心,缔造一个新时代的核工业形象。

附录A　××省核工业地质局×××大队——保密工作管理制度汇编

保密管理工作总则

一、根据《中华人民共和国保守国家秘密法》、《中华人民共和国保守国家秘密法实施办法》及《武器装备科研生产单位保密资格标准》,结合本所实际情况,制定本保密工作管理制度汇编。

二、本队保密工作方针是:“依法管理、积极防范、保核心、保重点、保要害,确保国家秘密的前提下便利各项工作”。

三、本队保密工作原则是:“业务工作谁主管,保密工作谁负责,落实党政干部七条领导责任和十条个人责任的逐级领导保密责任制”。

四、本队保密工作重点是:“涉密人员与涉密载体的管理及办公自动化设备和计算机网络信息系统的安全防范”。

五、本队保密工作方法是:“建立健全各项保密管理制度,人防、物防、技防相结合,强调以人为本,充分发挥保密防范设施、设备作用,不断提高保密管理与技术防范水平”。

六、本队保密工作管理制度汇编,由保密管理制度、保密管理规定和保密工作审批程序及表格组成。

各级领导、保密组织机构及各部门保密工作职责

一、法定代表人保密工作职责

1.对本队保密工作负全面领导责任。

2.保证国家保密工作法律、法规、方针、政策在本所的贯彻执行。

3.保证《武器装备科研生产单位保密资格标准》在本队的贯彻实施,为保密工作提供组织及财力、物力的保障。

4.定期听取保密工作汇报,掌握保密工作重要情况。

5.对重要保密工作事项提出明确要求并进行督促检查。采取实际措施解决保密工作中的突出问题。

二、保密工作管理者代表保密工作职责

1.对本队密工作负组织领导责任。

2.贯彻执行保密工作法律、法规,对队保密工作进行决策和部署。

3.保证《武器装备科研生产单位保密资格标准》在本队贯彻实施。

4.组织、协调和部署年度保密工作和重点项目的保密防范措施。

5.对保密工作落实情况进行监督检查。

6.及时组织解决保密工作的重要问题和泄密事件。

7.及时向所法定代表人通报保密工作重要情况。

三、其他所领导保密工作职责

1.对队分管工作范围内的保密工作负直接领导责任。

2.为保密管理与科研生产管理的结合提供保障。

3.保证保密管理措施在科研生产活动中的实施。

4.结合实际提出保密工作的具体要求和措施。

5.对保密工作落实情况进行监督检查。

6.及时与法定代表人和保密工作管理者代表沟通保密工作情况。

四、各部门正职领导保密工作职责

1.对本部门工作范围的保密工作负主要领导责任。

2.了解有关保密工作法规、规章制度。

3.结合部门实际提出保密工作具体要求和防范措施。

4.监督检查本部门保密工作落实情况。

5.及时向队领导和保密办公室通报保密工作重要情况。

五、各部门分管保密工作领导保密工作职责

1.对本部门保密工作负直接组织领导责任。

2.了解有关保密工作法规、规章制度。

3.组织协调保密与业务工作,及时处理保密工作事项和问题。

4.监督检查保密工作,落实保密防范措施。

5.及时向部门主要领导报告保密工作重要情况。

六、本队保密工作机构设置

队设立保密委员会,由主任(队法人代表兼任)、副主任(队保密工作管理者代表、总工和副所长兼任)、委员(队办、党办、发改科、财务科和有关业务部门领导)组成。保密委员会下设保密办公室,负责保密委员会日常工作。附保密工作组织机构图。

七、队保密委员会职责

1.贯彻落实党、国家和上级机关制定的保密工作法规。

2.实行每年2次例会和不定期召开会议制度,研究、部署、解决、总结保密工作中的重要问题。保密委员会会议要有记录。

3.审核队保密工作制度、规定、措施、办法和讨论专项保密工作。

4.审核要害部门部位、涉密事项的定密和密级变更工作。

5.对重大涉密事项保密工作落实情况进行监督指导。

6.查处一般失泄密事件,协助查处重大失泄密案件。

7.向上级主管保密工作部门请示报告工作。

八、保密办公室职责

1.组织落实有关保密工作的法律、法规,对本队各部门保密工作进行管理、指导和监督。

2.拟定保密管理制度、措施、办法、计划和专项保密工作方案,向保密委员会提出工作建议,具体落实保密委员会的工作决策和部署。

3.组织保密宣传教育,参与保密业务培训,开展保密工作调研、总结和奖励活动。

4.对确定秘密事项及其载体的接触和知悉范围进行指导和监督。

5.组织拟定保密要害部门、部位及保密岗位、人员涉密等级。对涉密人员和内部网安全进行保密工作组织管理。

6.参与涉及重要国家秘密的大型科研活动、涉外活动、对外交流和宣传活动,进行保密工作审查与监督。负责保密防护措施、设施建设和设备购置、报废的必要性审核。

7.组织制定保密技术防范措施,组织实施对保密要害部门、部位的保密防护措施和设施的保密技术检查。

8.组织监督检查保密规章制度的落实情况。

9.负责保密管理经费和保密专项经费的申请和使用。

10.负责本所保密工作的日常管理。

11.组织查处和报告泄露国家秘密的事件,制止、纠正有关保密违纪、违规行为。

12.完成上级保密工作部门和本队领导交办的保密工作任务,定期向保密委员会和所保密工作管理者代表汇报工作情况。

九、基层部门保密工作职责

1.贯彻执行队保密委员会的工作决策和部署。

2.实施对本部门保密工作的管理和检查。

3.组织保密法律、法规的学习和宣传教育。

4.管理归口业务范围的保密工作审核和检查。

5.完成所保密委员会交办的保密工作事项。

保密教育培训制度

一、为不断提高全体职工的保密意识,遵守保密纪律、保密规章制度的自觉性,要定期对本队全体职工进行保密教育培训。

二、保密办公室负责保密法规知识的宣传教育工作。要充分利用报纸、杂志、板报宣传保密法规普及保密知识，提高全体职工的保密意识。

三、新调入或新任用、涉及国家秘密岗位的职工，必须先进行保密教育后方可上岗工作。各部门领导有责任教育调离涉密岗位人员离岗后自觉遵守保密纪律，承担保密义务，不泄露国家秘密。

四、保密办公室负责对因公、因私出境和调离岗位的涉密人员，进行保密教育，使其了解保密范围，明确保密责任，掌握处理保密问题的方法。

五、保密办公室、涉密人员管理部门、各级领导对涉密人员要经常进行保密教育，使涉密人员熟悉基本的保密法规，知悉其必须承担的保密责任和义务及应当享有的权利。

六、保密培训工作由保密办公室拟定年度培训计划和经费预算，纳入本队职工培训教育计划，由教育管理部门负责组织，保密办公室参与实施。

七、为不断提高涉密人员保密防范知识和技能，本队定期对涉密人员进行保密培训。要对核心与重要涉密人员每年进行一次上述内容的培训，一般涉密人员每3年进行一次培训。

涉密人员保密管理制度

一、涉密人员管理

涉密人员管理工作归口队保密委负责，相关部门配合，各部门应对涉密人员履行保密义务和责任进行有效的监督、检查和管理。

二、涉密人员保密管理制度包括：

1.涉密人员守则

2.涉密人员保密管理规定

3.涉密人员录用、调动、出境保密管理规定

4.涉密人员保密补贴管理办法

涉密人员保密守则

一、不该说的国家秘密不说；

二、不该看的国家秘密不看；

三、不该带的国家秘密不带；

四、不使用普通电话、传真、计算机传输涉密信息；

五、不在涉外宾馆、饭店组织涉密会议；

六、不在非保密场所阅办、谈论国家秘密；

七、不使用涉密计算机上公众网；

八、不私自保存、复制和销毁秘密载体；

九、不私自接受国内外记者采访；

十、不带涉密截体游览、探亲访友。

涉密人员保密管理规定

一、涉密人员管理要坚持既确保国家秘密安全,又便利各项工作的原则。

二、队保密委员会每年将根据各部门涉密人员涉及国家秘密程度的变化情况及时调整涉密人员的等级。

三、对涉密人员要经常进行保密教育和必要的保密培训。保证涉密人员知悉其必须承担的保密义务和责任,以及应当享有的权利;熟悉基本的保密法规制度;掌握与其工作相关的保密知识和技能。

四、各级领导和保密工作管理部门要对涉密人员履行保密义务和责任的情况,进行有效的监督和管理。

五、涉密人员在参加军工秘密项目开发、研制、会议,记录秘密事项内容时,须使用队保密室登记、编号、标密的保密本。

六、涉密人员使用保密本应妥善保管,用后退回所保密室统一销毁。

七、实行涉密人员保密补贴、脱密期和签订保密承诺书等制度。

涉密人员录用、调动、出境保密管理规定

一、涉密人员的录用审查

本所接触、知悉国家秘密的涉密人员,必须坚持"先审查后录用"的原则。要对涉密人员资格审查的情况记录在案。人事部门负责涉密人员的录用审查并与其签订"录用保密承诺书"

二、涉密人员等级的确定

本队接触国家秘密事项的职工,要根据其工作内容确定涉密等级。确认涉密人员等级程序。本队涉密人员按核心(绝密级)、重要(机密级)、一般(秘密级)的等级划分。其中重要以上涉密人员经队保密委员会审批后,报陕核地质局保密委员会备案;一般涉密人员经队保密委员会审批。

三、涉密人员脱密期的规定

涉密人员辞职并要求到国外和外商独资企业工作,必须按国家规定依法脱密,脱密期满后方可办理调离手续。脱密期限为:

1.核心涉密人员三年;

2.重要涉密人员二至三年;

3.一般涉密人员一至二年。

四、涉密人员调动的管理

1.对调出本队属国内流动的职工,脱密期由本队根据其涉密情况确定。如拟批准其调出,要及时使其脱离涉密岗位。凡调出职工由人事部门负责与其签订“离岗保密承诺书”。

2.涉密人员个人申请调动的应当向所在部门提出书面申请。部门领导应在调离申请材料上签署保密审核是否同意流动的意见后,报保密办公室。保密办公室根据有关规定审批或报队保密委员会复核审批.

3.涉密人员在实施脱密期前,应当将其保管和使用的国家秘密文件、资料、涉密介质清点移交,没有征得部门领导同意个人不得擅自销毁和做其他处理。

4.在办理事业编制涉密人员流动手续时,其档案中有关涉及军工科研秘密的材料,由人事部门会同保密办公室进行保密处理,并在档案中注明其涉密程度和解密期。

5.院校师生来所实习,由主管部门会同所保密办公室审核报所分管领导批准。院校师生实习,人事部门负责与院校及实习师生签订保密协议。院校师生实习的有关涉密事项,负责接待部门应有文字记载,并应在师生的实习档案中做出非密化记录,标明该同志所接触涉密事项的密级和保密期限。

五、涉密人员对外科技交流的管理

1.涉密人员出境参加科技交流活动,要遵守随团规定,保密办要负责告知其遵守《涉密人员对外科技交流保密守则》,要求其在《涉密人员对外科技交流保密义务承诺书》上签字,承诺履行保密义务,并填写《对外科技交流涉密人员登记表》。

2.对一年内数次出境参加对外科技交流活动的涉密人员,要每年对其提醒一次。

3.涉密人员在境内参加对外科技交流活动,必须经所业务主管领导批准,由科技办负责通知其填写《对外科技交流涉密人员登记表》,并提醒其遵守《涉密人员对外科技交流保密守则》。

六、涉密人员对外受聘、提供服务的管理

1.本队在岗涉密人员,在未解密期内,一律不准私自受聘到外企、中外合资、三资企业和外企驻华代表机构工作。凡私自到外企、中外合资、三资企业、外企驻华代表机构单位工作的涉密人员,人事部门要令其回队办理有关保密手续。不听劝阻的涉密人员,将根据国家有关法律法规起诉至司法部门处理。

2.离退休人员在没有办理脱秘期内,不得到外企工作,私自受聘到外企的涉密人员,要派人查明其下落,讲明利害关系,劝其回所。经多次劝说无效的,可通过国家安全部门依据相关法律、法规追究其刑事责任。

3.本队人员为国外机构在华举办的各类展览会、交易会、技术洽谈等外事活动提供服务,必须经队主管领导同意。

七、涉密人员脱密期未满,特殊情况需要因私出境审批权限

1.机密级涉密人员需由局密办公室审批;

2.秘密级涉密人员需由队保密办公室审核后报所领导审批。

八、涉密人员应严格遵守保密法律法规，确保国家秘密安全，对泄露或非法获取、非法持有国家秘密的行为进行制止、举报、斗争并积极采取补救措施，是本队涉密人员的神圣职责和应尽的义务。

涉密人员保密补贴管理办法

一、本队发放保密补贴，是为了强化全所职工保密意识，特别是强化涉密人员保密意识而采取的一种管理手段；“保密意识”指的是增强保守国家秘密意识。

二、凡与本所签订《保密责任书》的涉密人员，均可享受保密补贴；凡是调离涉密岗位的人员，在办理正式调动手续之后，保密补贴随岗位做相应调整。

三、保密补贴标准：核心涉密人员（绝密级）50元/人·月；重要涉密人员（机密级）40元/人·月；一般涉密人员（秘密级）30元/人·月。

四、保密补贴发放程序：发放—考核—扣除。先由保密办和劳人部门造册，按月发放，年终由保密办、劳人部门和保密办对涉密单位及涉密人员进行考核，经队保密委研究决定后，在下一年保密补贴或工资中扣除。

五、考核及经济责任处罚：

1.按照本队《保密奖惩制度》第2条考核，对不合格部门，除给予通报批评外，扣除部门负责人半年保密补贴。

2.按照本队《保密奖惩制度》第3条第1－3款，除受到行政处罚外，泄露绝密级国家秘密的人员扣2年保密补贴；泄露机密级国家秘密的人员扣1年保密补贴；泄露秘密级国家秘密的人员扣9个月保密补贴。

3.按照本所《保密奖惩制度》第4条第1－4款，除受到从重行政处罚外，违犯其中一条，扣除责任人2年保密补贴。

4.按照本所《保密奖惩制度》第6条，严重违犯《保密法》、《刑法》的责任人，除移交司法处理外，取消保密补贴。

确定、变更密级和解密制度

一、国家秘密事项密级的确定

1.确定各项业务工作中产生的国家秘密事项，应由各单位（部门）及时准确地依照《二一一大队保守国家秘密及其密级具体范围的暂行规定》的规定确定密级，保密期限审批程序、审批表确定密级。国家秘密分为绝密级、机密级、秘密级。保密期限，除有特殊规定外，秘密级不超过10年；机密级不超过20年；绝密级不超过30年；保密期限在1年以上的，以年计算，在1年以内的，以月计算。

2. 科研类项目文件资料及成果报告密级的确定，由产生秘密事项的单位(部门)按拟定内容依照保密范围对号入座提出并标明密级和保密期限，填写审批表，报所科办(公文由队办)审核、把关，最后呈报业务主管领导审定和批准；

3. 对于是否属于国家秘密和密级不明确及有争议的事项，由产生该事项的单位(部门)提出申请，报主管业务的科室会同队保密办审核界定，并将界定情况呈报主管业务的所领导审定、批准；

4. 密级一经确定，由队办负责通知接触涉密事项范围内的单位和人员，并应立即在涉密载体(含纸、磁、电子文件等)资料左上角部位，以法定的文字、符号标明密级和保密期限，不能标明的秘密事项也要及时通知接触涉密事项范围内的单位和人员。

二、国家秘密事项密级的变更

变更保密期限内的秘密事项，由秘密事项产生单位(部门)根据定密时的程序申报变更，变更原则为：

1. 秘密事项有下列情形之一的，应提高密级和延长保密期限。

(1)发现原定密级偏低的；

(2)近期取得进展，对国家安全有重要意义的；

(3)新发现对国家安全具有重要潜在作用的。

2. 秘密事项有下列情形之一的，应降低密级和保密期限。

(1)发现原定密级偏高的；

(2)已有新的找矿技术、方法，但仍有保密价值的；

(3)因国防科技工业发展和国民经济建设需要扩大知密范围的。

三、国家秘密事项密级的解密

保密期限内秘密事项，由产生秘密事项的单位按照第七、八、九条款，经衡量公开后无损于国家安全和有利于国家建设的，由原定密单位以文件形式及时宣布解密。解密原则为：

1. 秘密事项有下列情形之一的，应当解密。

(1)已有新的找矿技术、方法，原有技术、方法无保密价值的；

(2)转为民用，可保性差的。

2. 秘密事项保密期限满的，自行解密。

国家秘密载体保密管理制度

一、秘密载体的定义

本制度所称的秘密载体是指通过观察或测试等手段，能够获取国家秘密信息的载体(以下简称秘密载体)，包括以文字、数据、符号、图形、图像、声音等方式记载国家秘密信息的纸介质、磁介质、光盘等各类物品。磁介质载体包括计算机硬盘、软盘、U盘、录音带、录像带等。

二、秘密载体管理责任

1.秘密载体管理实行以单位(部门)行政一把手为第一责任人逐级保密责任制,坚持“谁主管、谁负责”和“谁使用、谁负责”的原则。

2.队保密工作部门对秘密载体的管理负有指导、监督、检查、日常管理的职责。

三、秘密载体保密管理制度内容

1.秘密载体制作保密管理规定;

2.秘密载体复制、印刷、装订保密管理规定;

3.秘密载体收发与传递保密管理规定;

4.秘密载体使用保密管理规定;

5.秘密载体保存保密管理规定;

6.秘密载体销毁保密管理规定。

秘密载体制作保密管理规定

一、制作秘密载体,必须依照有关保密规定和定密程序确定密级和保密期限。秘密载体制作内容审批(含定密程序)一经完成,秘密载体内容原稿就不应再作数据的修改补充,如需进行修改补充,必须重新履行审批手续。

二、全队秘密载体制作应集中保密办制作,公文印制由队办审批,科研报告等资料印制由保密办审批。

三、需在外部制作的秘密载体,必须到经过保密局核发“许可证”的单位制作。

四、秘密载体内容在制作输入过程中,校对人员对秘密载体密级的标识是否正确负有确认责任。

五、秘密载体内容要严格按照批准的数量进行制作输出,制作部门和个人不准私自留存,制作过程中产生的废页要及时销毁。

六、具备办公自动化条件在个人岗位上制作机密级以下秘密载体的,必须在经队保密委员会审批并纳入涉密计算机管理的单机制作。禁止使用个人购置的计算机(含便携式计算机)、磁介质等处理、存储涉密信息。禁止涉密人员在非保密场所处理涉密信息。

七、摄制秘密项目的声像载体,机密级、秘密级的须经现场领导批准。禁止使用可拍照手机摄制秘密载体。

八、秘密载体等必须按下列要求标明密级和保密期限:

1.书面形式的密件,应在封面(或者首页)标明密级和保密期限;图纸、图表则在其标题之后或下方标明密级和保密期限。国家秘密的标志为“★”,“★”前标密级,“★”后标保密期限。

2.书面形式的密件,如果只有少量内容属于国家秘密,除按最高密级标明外,还可以直接在属于国家秘密的段落之前标明密级或者调用文字形式在同页正文下说明密级。

3.非书面形式的涉密载体,应以明显识别的方式在载体上标明密级和保密期限,计算机和活动硬盘内存贮的涉密文件,应在文件名和文件首页上标明密级。有包装的秘密载体还应以恰当的方式在包装上标明。

4.磁介质、光盘、U盘等涉密介质各部门应统一购置,按所存储涉密信息的最高密级加贴单位保密部门统一制作的密级标识,编号登记限量发放,并按秘密文件的要求进行管理。严禁任何人在没有统一密级标识的载体上存储涉密信息。

5.秘密载体(文件、资料)制作完成后,负责编制的人员应将电子版原稿与纸质审批稿一同归档。不需归档的电子版原稿应及时同文件、资料起草、编制、修改过程中形成并废弃的纸质材料和过程电子版本一同销毁。纸质和电子版的涉密文件、资料因工作需要留存使用的,应由部门集中存放统一保管,个人需留用要填表经部门领导批准。填写个人留用纸质、电子版涉密文件申请表。

秘密载体复制、印刷、装订保密管理规定

一、秘密载体复制、印刷、装订时,必须履行秘密载体复制保密审批程序。机密级(含机密级)以下秘密载体的复制、印刷、装订,承办人员凭保密办签字批准的《秘密载体复制审批表》进行。复制档案涉密文件资料执行所《密级档案管理规定》相关审批程序和审批表。复印涉密文件执行所质量管理相关审批程序和审批表。复印科研成果报告、评价报告、储量报告,由主管业务所领导批准。

二、复制部门必须严格秘密载体复制、印刷、装订时的保密管理和登记手续,不准应私人要求多印、多留。复制、印刷和装订份数要真实记录备案。

三、复制、印制、装订过程中出现的衬纸、废页等印有字据的消耗品要及时用碎纸机销毁。

四、复制不得改变原件的密级和保密期限及知悉范围。

五、复制件要按原件同等密级进行登记管理。

六、禁止用复制的秘密载体作为礼品赠送或当宣传品公开宣传。

秘密载体收发与传递保密管理规定

一、收发秘密载体的人员必须政治可靠,严格遵守保密法规和保密纪律。

二、秘密载体的收发必须严格执行收发涉密载体保密工作程序,履行清点、登记、编号、交接签字等手续。

三、外来文应及时编号登记,除注明绝密亲启件、加盖密封章的人事和保卫工作的特殊件外,一律经保密室拆封登记。转发亲启件和特殊件时要严格履行签字手续。

四、对本队和协办发文的底稿、数量、发往单位、部门要认真核对，发往外单位的秘密载体能从机要渠道发出的一律走机要通信。确实需要专人传递机密级以上秘密载体，乘坐火车时应乘坐软卧车，乘坐飞机不准托运秘密载体。

五、机要传递秘密载体时应当按规定做好密封工作，其包装应符合下列保密规定：

1.包装应当密封完整；

2.秘密载体的信封或者袋牌上应当标明密级、编号和收发单位名程；

3.传递秘密载体的信封书写应正确，防止明密通信方式混用；

4.使用的信封或袋子应当由防透视材料制作的、周边缝有韧线的信封或袋子，封口及中缝处加盖密封章或加贴密封条；机要通信要专车接送。

六、机要保密人员接收、传递密件、密品要做到安全、准确、准时。

七、传递秘密载体，必须通过队保密室密邮或指定的涉密计算机传递国家秘密信息。

秘密载体使用保密管理规定

一、严格秘密载体收借阅使用管理，收到秘密载体由管理人员拆封登记后送所办主任确定知悉人员范围，阅读使用人员必须符合秘密载体阅读使用标明的业务工作领域和应知悉的密级范围。

二、队内借阅使用秘密载体（含保密室归档前暂存的涉密载体），必须履行秘密载体借阅使用保密审批程序并填写所内机密级以下秘密载体借阅、使用保密审批表。已注册立卷归档的秘密载体，借阅使用时执行所《密级档案管理规定》相关审批程序和审批表。

三、秘密载体借阅使用过程中，必须注意做好存放和知悉范围的保密工作，按期归还秘密载体管理部门。管理人员要随时掌握秘密载体的去向。

四、机密级（含机密级）以下秘密载体借阅使用的时间不超过30天（野外生产不超过半年，但要责任到人）。

五、承办人员必须严格秘密载体的接收、移交、清退登记手续。禁止横向非涉密人员借阅使用秘密载体。

六、外单位需要借阅、调用、复制本所涉密载体，履行外部借阅、调用、复制秘密载体保密审批程序，并由接待部门负责填写外部借阅、调用、复制秘密载体保密审批表。

七、通过非正常渠道收集的秘密载体，必须在所内履行登记备案手续。正式红头形式的文件在所保密室登记；其他秘密载体在所档案室登记。

八、个人日常工作中使用的秘密载体，应集中放在密码文件柜内。部门和使用人要严格保管，禁止私人携带秘密载体出办公楼。

九、传达国家秘密时，凡不准记录、录音、录像的，传达者应事先说明。

十、记录国家秘密事项，应当使用队里统一制作的保密本。

十一、摘录、引用国家秘密内容形成的秘密载体,应按原件密级、保密期限和知密范围管理;文件在所办登记,涉密资料在档案室登记。

十二、特殊情况携带秘密载体出差,须履行保密审批。

十三、携带秘密载体出差要采取可靠的安全措施,两人以上同行的要明确主次责任。

十四、携带秘密载体出差应用专车到机场、车站、码头接送。

十五、携带数量较多的机密级秘密载体,乘火车可乘软卧席,乘飞机轮船可相当于火车软卧的同等舱位。

十六、禁止将秘密文件携带到不具备保密条件的场所(如医院、列车、飞机、轮船等处)阅办;禁止携带秘密文件外出旅游、探亲访友、参加外事活动和双边或多边谈判场所。

十七、需在所外维修涉密设备,必须严格执行涉密载体、设备外出维修保密审批程序,填写涉密设备外出维修保密审批单。

十八、需维修的秘密载体要将载有的涉密信息删除,将其涉密部件拆除后再行维修,无法采取删除原有涉密信息措施的秘密载体,必须有本队业务人员在场监督维修。

十九、维修过程中更换录有涉密信息的部件,必须将旧件带回本单位销毁,禁止将维修更换录有信息的旧件抵价维修或随意抛弃。

二十、在队内进行维修也应有本队人员在现场监督。

秘密载体保存保密管理规定

一、保存秘密载体,应当选择安全的保密场所和部位,配备保密设备;集中保存秘密载体的场所或部位应采取严密的防范措施(防盗门、防盗网、报警器等)。

二、涉密人员使用的秘密载体必须妥善保管,离开时必须放入保密设备中锁好。

三、涉密人、秘密载体管理人员离岗、离职前,应当将所保管的秘密载体全部清退,并办理移交手续。

四、对上级机关下发、本所各单位(部门)产生的秘密级以上文件、技术、方法资料,评价资料,矿床(点)分布图,储量报告及秘密级成果报告,要严格控制知密范围,各单位要指定专人登记保管,接触人员要严守秘密;

五、对于形成的涉密文件、科研成果报告及技术性资料,应按照国家有关档案的法律规定及时归档,交由档案室保管。

六、涉密单位、部门每年应定期对当年所存秘密载体进行清查、核对,发现问题及时向保密办上报;平时工作中若发现秘密载体失控、丢失应立即向本部门、队保密办和有关领导报告,保密办应及时采取相应的处置措施。

秘密载体销毁保密管理规定

一、涉密文件、资料的销毁工作由保密办公室归口负责。

二、销毁存储有秘密载体的密件及资料，各单位或个人要事先登记造册，向业务主管部门提出申请，填写秘密载体销毁保密审批表，经审核后报所业务主管领导批准，由两人送往市保密局指定的厂家监督销毁，并将申请、审核及批准销毁表报所保密办备案。

三、严禁将密件、内部资料及刊物以废品向外销售，由此引起的后果按有关规定处罚。

四、销毁磁介质秘密载体要使用专用消磁设备消除涉密信息。

五、其他介质秘密载体要采用相应有效手段消除涉密信息。

六、秘密载体销毁必须确实达到涉密信息彻底销毁且不可恢复。

保密工作要害部门、部位保密管理制度

一、保密工作要害部门、部位的确定

根据本队业务工作中涉及机密级以下国家秘密的标准确定本队保密工作要害部门、部位。执行保密要害部门、部位审批程序，填写保密要害部门、部位确定审批表(附录32、33)。

二、保密工作要害部门、部位的管理

1.要害部门、部位存放的国家秘密载体，须配备密码文件柜，以确保国家秘密安全。

2.落实保密要害部门、部位各涉密环节的人防、技防、物防措施。

3.做好保密要害部门、部位涉密人员的管理教育和考评工作。

4.保密要害部门、部位要有安全隔离措施，保密要害部门、部位禁止无关人员入内，工作人员进出前后要注意检查保密情况。

5.要害部位的主管部门，应根据要害部位的保密要求和实际情况，制订出具体的要害部位管理制度或规定，并报保密办备案。

涉密设备与保密防范设施、设备管理规定

一、保密防范设施、设备的添置、维修、报废、停止使用，执行本队固定资产管理审批程序。

二、涉密设备的购置、使用原则

1.尽量选用、购置国产设备；

2.国内没有或因工作需要购置的国外产品，在使用前应经公安或国家安全部门采取技术防范检测合格后才能使用。

3.涉密设备购置的供货方应有完备的资质证明，长期供货和代维护应签订保密协议，保证

设备的使用安全与维修安全。

三、保密防范的设施、设备管理

1. 用于保密防范的设施、设备由保密办公室备案登记归口管理。

2. 使用部门应严格保密防范设施、设备的使用管理。

3. 保密防范设施、设备未经保密部门同意,禁止私自拆卸维修。

4. 配备保密防范设施、设备的部门、部位必须按要求开启使用。

5. 禁止使用部门和个人私自挪动、拆除保密防范设施、设备。

涉密通信、计算机信息系统及办公自动化保密管理制度

一、涉密通信、计算机信息系统及办公自动化的保密必须符合国家有关规定。

二、涉密通信、计算机信息系统及办公自动化保密管理制度包括:

1. 有线和无线通信保密管理规定;

2. 密码传真、密码通信保密管理规定;

3. 计算机信息系统保密管理规定;

4. 办公自动化计算机设备使用保密管理规定;

有线和无线通信保密管理规定

一、有线和无线通信的安检及审批

1. 队各部门使用进口通信设备,必须经过省保密局技术处通过技术手段进行安全检查。

2. 涉密计算机网络远程通信必须装备、使用局保密办确认的密码传输保密通信设备。详见本所《密码传真、密码通信保密管理规定》

二、有线和无线通信的保密管理

1. 不准在无保密措施的有线、无线通信中涉及国家秘密事项。

2. 涉密部门的领导和重要涉密岗位的工作人员不得使用他人赠予的手机和带有发射装置而又无保密措施的无线通信工具。

3. 采取技术保密措施的有线、无线通信,必须按其保密等级传送相应密级事项。保密要求执行本所《密码传真、密码网络通信保密管理规定》。

4. 凡来所讲学、交流的境外人员因特殊情况需要使用本所电话、传真等通信设备,须有本所人员陪同。

5. 内部通信网络的构成、线路、防范措施等保密事项,不得向外泄露。

密码传真、密码通信保密管理规定

一、密码传真、密码通信的审批

利用密码传真、密码电子邮件传输密件按密件传输保密审批程序执行并填写相应审批表。利用密码传真、密码电子邮件传输“秘密”级密件，要经部门领导审批；利用密码传真、密码电子邮件传输“机密”级密件，要经部门领导审核，所主管领导批准。

二、密码传真、密码通信使用的保密管理

1. 密码传真和密码通信管理是保密工作的要害部位，须严格保密管理，无关人员不得入内。

2. 密码传真时传真件上应有发件人签名和加盖“密传”图章，传真件需拿回的应先行复制，发件人签名和加盖“密传”图章后传发，操作人员应将密传件留存备查 1 年。

3. 密码传真应密收密复，禁止密件明发、明件密发和明密混发。

4. 中央和国务院文件不得利用密码传真、密码网络传输。

5. 密收传真、密码电子邮件要履行涉密载体登记签收手续，用后收回，未经队领导批准不得私自复印或抄存。

6. 密码、密钥应保存在密码保密柜中，主副密钥应两人分开保管，禁止随意泄露。

计算机信息系统保密管理规定

本队计算机信息系统包括涉密计算机和非涉密计算机信息系统（连接互联网的简称外网，部门内计算机相互连接称内网）。

一、涉密计算机信息系统使用保密管理

1. 涉密计算机管理，实行单机使用、单机管理，建立使用台账，责任到人。

2. 涉密计算机使用按照“谁使用、谁负责”的原则，责任人要严加管理，设置系统密码，确保使用中的安全保密。

3. 禁止利用电话等手段上互联网。

4. 需要网上传输涉密信息及资料，应在队里指定的队办密邮箱上传输。

5. 涉密计算机不再使用时，应及时对存贮媒体进行全盘格式化和系统重新装载；淘汰后只能限本单位内部使用，禁止将处理过国家秘密信息的计算机作价外卖或外拨使用。

二、上网计算机信息安全保密管理

1. 队内设电子阅览室，对上网计算机实行集中统一管理，负责上网计算机信息安全及其应用技术管理工作。

2. 本队计算机上外网、内网都应经过保密审查批准，执行联网审批程序和填写保密审批表。

3. 电子阅览室使用的服务器应采取物理隔离措施，加装信息安全保护设备。

4.电子阅览室应坚持“谁上网、谁负责”的原则，严禁在互联网上传递国家秘密及内部重要信息；凡涉及研究所保密事项的信息，一律不准在互联网上传递，应利用队办专用密邮机传递。

5.一般信息由部门业务主管领导批准，可在互联网上传递。科研类由保密办审查，公文类由队办审查，新闻稿件类由党办审查，经业务主管领导审核批准。

办公自动化计算机设备使用保密管理规定

一、计算机设备使用的备案、审批

1.涉密计算机及活动硬盘，必须到保密办公室登记备案，贴上密级标识。

2.个人使用的涉密活动硬盘要妥善保管，不使用时应放在密码文件柜中，禁止将存贮有涉密事项的活动硬盘携带出办公区。

3.工作需要携带U盘外出时必须注意存放、保管和使用安全。

4.队各部门要严格笔记本电脑管理，造册登记，专人签字使用。禁止笔记本电脑存贮秘密事项。特殊情况必须使用时，须经所主管领导批准，并纳入涉密计算机管理。

二、计算机设备使用的保密管理

1.初次使用应进行安全防范设置。用计算机制作涉密载体时，如需要较长时间离开时，必须退出涉密载体并关机。重要涉密文件下班时应转入软盘或活动硬盘放入密码文件柜中，一般涉密文件在机器内存放不应超过五天(要害部位因有特殊防范措施不受此条规定限制)。

2.存贮有涉密内容的计算机和各类磁盘，要按行业保密范围的规定，在机器和磁盘外表、存贮涉密文件名与文件首页上标明密级。并严格按涉密载体进行管理。

3.专门用于重点项目任务的涉密计算机，禁止与外网连接。

三、复印、速印设备使用的保密管理

1.复印、速印设备实行专人使用，归口控制管理。

2.复印、速印涉密文件资料必须执行各级领导审批。

3.复印、速印涉密事项产生的废纸必须按涉密文件销毁。

4.设备维修时工作人员必须在场实施保密监督。

重大涉密活动保密管理制度

一、重大涉密活动是指本所组织的大型涉密会议、涉外活动与对外交流和宣传报导、国内军品研制协作等涉密事项。

二、重大涉密活动保密管理包括：

1.涉密会议保密管理；

2.涉外活动与对外交流和宣传报导保密管理；

3.国内军品研制协作保密管理。

涉密会议保密管理规定

一、涉密会议的保密审批及安全检查

1.召开涉密会议应按涉密会议保密审批程序进行审批。会前应选择具有保密条件的会议场所,并与其签订召开会议《保密工作协议书》,并填写《重大涉密活动保密审批表》及《重大涉密活动现场服务人员审查审批表》,限定参加人员和范围。严格执行不在涉外宾馆、饭店召开涉密会议的规定。

2.召开涉密会议,应事先对会场进行保密检查,填写涉密会议会场保密检查内容和检查表。会场内应采取手机屏蔽或控制措施,录音录像应经会议主办部门的领导批准。

3.禁止在会场内使用无线话筒、可拍照手机、对讲机等可以进行无线发射、传输的设备。

4.会议结束后要及时清退文件。会务人员要对会议使用的会场、客房、餐厅等地进行安全检查,防止丢失文件、笔记本等物品。

二、涉密会议的保密管理

1.队组织召开的涉密会议,应指定专人负责安全保密工作。会前要向与会人员强调会议保密事项和要求,增加保密防范意识。

2.组织召开大型的涉密会议,主办部门应主动与保密办公室联系沟通情况,共同做好安全保密防范工作确保会议安全。

3.机密级以上(含机密级)会议,应实行会议证制度。会场入口处要设专人检查,严防无关人员进入会场。会议证的发放,必须履行记录手续,用后及时收回,严禁借用和转让。

4.涉密会议主办部门应指定专人负责管理会议文件,严格文件的发放手续和管理。外地代表使用的涉密文件,会议结束后应统一由机要邮递。因工作需要随身携带时,会议主办部门应将代表随身带回的文件目录,寄到与会代表单位保密室。本队外出参加会

议人员,确因工作需要,随身携带涉密文件的按本队《涉密载体携带出差保密管理规定》执行。回队后应主动将随身带回的文件资料交所保密室登记备案。

5.会议期间公用性的文件资料,休会时必须集中管理,与会者不得擅自带出会议场所。

6.未经批准与会人员不得以任何形式向外泄露会议的秘密内容,不得擅自向宣传机构提供资料公开报道会议的秘密事项。

7.文件管理人员会后应及时将会议发出的文件清单和必须存档的文件交所办保密室,其余文件应按规定清点登记销毁。

三、在外地召开涉密会议,由会议组织部门参照本规定请当地有关单位的保密、保卫部门协作执行。

四、涉密会议主办部门可根据会议内容、会场周围环境、参加会议人员情况,制定或提出具

体的保密防范措施与工作要求。

涉外活动与对外交流和宣传报导保密管理规定

一、涉外活动保密管理

1.为了便于对外联系和做好保密工作,在涉外活动中必须统一使用本所信箱代号的对外名称。

2.对外交往或谈判应指定主谈人,题目明确口径一致,无关的涉密文件资料和涉密载体等不得带入涉外交往场所。凡属国家秘密或不宜公开的内部事项,不得擅自向外方提供。

3.对外引智与技术合作,要做好敏感项目专家、邀请渠道、合作时间、地点以及在公开合作协议下进行的其他合作事宜的保密工作,要严格控制知悉人员范围,并指定专人负责掌握和管理。

4.对外引智与技术合作的密级由引进单位负责确定。在引智与技术合作过程中,我方获取或外方专家提供的秘密信息和载体,由项目负责部门根据引进方要求或本所定密规定负责确定密级、保密期限和标密。

5.在对外合作、交流、交往中,要注意保护我方与其他合作方的秘密。应将有关保密事项纳入合作或协作合同。严禁将我方与合作方的合作事宜、接触渠道以及在公开合作协议下进行的其他合作事项,泄漏给第三方知悉。

6.经批准向外方提供属于国家秘密的文件、资料和其他含有国家秘密的信息物品并允许外方携运出境的,必须进行保密审批,按审批程序填写审批表。同时应按规定到集团公司或国防科工委的保密办公室办理《国家秘密载体出境许可证》。

7.严禁携带涉密文件参加外事活动,确需携带密件时,须履行外事活动携带涉密载体保密审批程序,并填写审批表。携带涉密载体参加外事活动,要采取有效的防范措施妥善保管,并报保密部门指导参与活动。

8.未经领导批准,任何人不得将外籍人员领进办公楼。因工作邀请境外人员("境外"是指我国领域以外或领域以内我国政府尚未实施行政管辖的地域。"人员"指外国籍人、无国籍人、境外定居侨民)来本所洽谈,需履行聘请境外专家来所讲学、参观保密审批程序,并填写审批表。外事活动只限在经过上级机关批准的涉外活动区域进行,未经上级机关批准不得擅自改变本所对外开放范围。如涉外活动需超过本所已获批准的区域,承办部门须事前提出由保密办公室负责向上级机关请示报批。涉外活动的基本情况,承办部门应有文字记载备案。

二、出国考察或执行军贸任务保密管理

1.涉密人员随上级组团出境,要注意安全保密工作,回队后将在境外期间的安全保密工作情况作为回国后汇报工作的内容之一。经上级批准需自行携运出境的涉密载体和物品,应当向集团公司或国防科工委保密工作部门申办《国家秘密载体出境许可证》。携带出境的涉密载体，要指定两人专门负责，无论何时何地，何种原因均不得离身。在境外停留期间，有条件的应将涉密载体交我驻外机构负责保管。

2.出国考察或执行军贸出口任务，携带使用的计算机内禁止留存任何涉密文件及资料。使用的活动硬盘应加密，专人负责，妥善保管。在境外期间，不得在无保密措施的场合谈论秘密或起草秘密事项泄露不宜公开的团组任务或性质。禁止利用国际电话谈及国家秘密内容，不得用电话答复密电。凡需与对方交换的涉密内容应通过稳妥的渠道告之对方。涉密载体在境外丢失、被窃，应立即向我驻外使馆、领事馆报告。

三、对外交流和宣传报导保密管理

1.对外交流和宣传报导应遵守国家《新闻出版保密规定》。凡按行业保密范围被列为国家秘密的事项，不得利用公开媒介进行宣传报道。

2.对外介绍情况、提供稿件、出版刊物、撰写论文等涉及军工科研、生产情况的统计数字，必须使用本所或本系统对外公布的统计数字。

3.带有密级的宣传品，必须与秘密文件、资料同等对待。严格控制发放范围，履行登记签收手续。

4.职工个人向公开或内部发行的报刊投稿，涉及所科研生产、经营管理事项的稿件，须按军工涉密技术国内讲学、研讨交流保密审查程序执，填写审批表。

5.部门或个人向新闻单位提供信息或接受采访时，涉及到国家秘密事项的，须按国内宣传报道、接受新闻采访保密审查程序进行审批，并填写审批表。被采访或提供信息的单位、个人应主动向采编人员申明那些是属于国家的秘密事项。

6.本队人员撰写论文拟在国内外公开发表的，禁止在论文中直接引用涉密数据和图件，以及通过秘密途径收集到的国外情报的内容。为说明问题可采取改变原点坐标和放大、缩小数据的办法。

7.本队人员拟向境外新闻出版机构提供报道，涉及国家政治、经济、外交、科技、军事方面内容的稿件，必须按对外宣传报道、接受新闻采访保密审查程序进行审批。

8.通过秘密关系或特殊手段获取的产品、设备、技术资料及传递渠道、方法、手段，严禁公开宣传报道。

9.涉及国防科技工业及本系统、本单位先进技术领域中的关键和薄弱环节，严禁公开宣传报道。

10.一定范围发行的内部刊物不得登载涉密事项。

国内军工项目协作保密管理规定

一、涉密军工项目的国内协作必须经上级保密机构审批，在《武器装备科研生产保密资格名录》的单位内进行。

二、协作事项的密级不应高于对方单位列入武器装备科研生产保密资格名录的资质等级。

三、主办部门必须与协作单位在合同或协议中明确保密责任和要求。主办部门应要求协作单位提供参加机密级事项协作人员的政审材料并记录备案。

保密工作检查、提醒制度

一、保密办公室每年组织两次安全保密检查,填写保密工作检查记录。检查内容包括领导的保密职责落实情况、职工的保密意识、涉密文件的管理、办公自动化设备与内部信息网的保密防范、各项保密规章制度的落实情况。还要根据实际情况开展文件资料制作到归档全过程的专项保密检查;对涉外保密工作进行督查,对专业会议现场进行巡检。

二、保密办公室要对涉密部门、部位,特别是要害部门、部位的"人防""物防""技防"措施的落实情况进行检查。对涉密专业会议、试验现场进行巡查。

三、保密办公室针对保密检查中发现的漏洞和问题,及时提出书面整改意见和加强防范的措施建议。督促检查整改并做好整改的复查及记录工作。保密办公室的工作人员,要经常深入科研生产第一线。进行调查研究,及时发现问题,解决问题,积极协助各级领导做好保密工作。

四、部门负责人、项目负责人对下属人员出差、参加会议及制作、存放、保管、携带、传递涉密文件和载体负有执行保密法规、遵守保密纪律的提醒责任。

五、在对外科技交流活动中涉及科学技术发展战略、方针、政策、科技规划、计划、科技项目及其经费预决算、实施方案、关键设备、资料、物品、科研成果及其用途等事项,本部门领导和业务主管部门工作人员负有履行保密提醒的责任。

泄露国家秘密事件报告、查处制度

一、本规定所称泄密事件是指使国家秘密被不应知悉者知悉,或者超出限定的接触范围,而不能证明未被不应知悉者知悉的事件。

二、发生失泄密事件后,应立即采取补救措施,各部门不得推诿,必须积极组织力量协助追查,以挽回或减少失泄密造成的损失。

三、发现失泄密事件后的部门或个人,应及时向队保密委员会和分管队领导报告并实行一事一报制度,填写失密、泄密及窃密事件报告表不得隐瞒或自行处理后再报。报告内容为:被泄露秘密事项的内容、密级、数量及其载体形式;泄密事件的发现过程;泄密事件发生的时间、地点及经过;泄密事件造成或可能造成的危害;泄密责任人的基本情况;已进行或拟进行的查找工作情况;已采取或拟采取的补救措施。

四、发生失泄密事件上报时间要求为:绝密级内容的应立即上报;机密级内容的应在 8 小时内上报;秘密级内容的应在24小时内上报。

五、每一泄密事件的查处工作终结期限为3个月。失泄密事件查清后,发生失泄密的部门应会同保密办公室将泄密事件的发生、发现过程;泄密事件已经或可能造成的危害;造成泄密事件的主要原因;采取的补救措施和事件各级领导责任与直接责任人员的查证情况报所保密委员会。

保密奖惩制度

一、保密工作做得好的部门或个人具备下列条件之一的,将由队给予表彰和奖励。

1.在危急情况下保护国家秘密安全的;

2.对泄密行为及时举报的;

3.发现他人泄密或可能泄密,立即采取补救措施避免或减轻损害后果的;

4.对盗窃、抢劫、破坏、刺探、出卖、非法持有国家秘密的行为敢于斗争或对侦破泄密案件有功的;

5.在涉及国家秘密的专项活动中,严守国家秘密,对维护国家安全和利益作出重要贡献的;

6.对保密技术措施有发明创造或改进,为保密工作做出贡献的;

7.长期从事涉密专业工作,未出现任何失、泄密的;

8.长期从事保密工作,事迹突出的;

9.长期经管秘密的专职人员,忠于职守确保国家秘密安全的。

二、对保密工作不重视、管理不严,保密规章制度不落实的部门,将在年终考核时给予批评和经济处罚。

三、凡泄露国家秘密尚不够刑事处罚的个人,将根据被泄露事项的密级、造成后果和具体情节,酌情给予行政警告、记过、记大过、降职、降级、撤职、留用察看和开除公职的处分,并按照失泄密密级档次给予经济处罚。

1.泄露秘密级国家秘密的,给予警告处分,造成后果严重或态度不端正,妨碍泄密事件查处的给予记过或记大过处分;

2.泄露机密级国家秘密的,给予记过处分;造成后果情节严重或态度不端正,妨碍泄密事件查处的,给予记大过或降职、降级处分。

3.泄露绝密级国家秘密的,给予记大过处分;造成后果情节严重或态度不端正,妨碍泄密事件查处的,给予降职、降级、撤职、留用察看或开除公职的处分。

4.凡发生泄密事件,队保密委员会除追究当事人的责任外,还要根据当事人泄密原因、情节、泄密级别和态度追究当事人各级领导的责任并给予相应的行政处分。

四、对泄露国家秘密尚不够刑事处罚,但具下列情节之一的,应从重给予行政处分和经济处罚。

1.故意违反保密规定的；

2.以牟取私利为目的的；

3.泄露国家秘密在两次以上的；

4.利用职权强制他人违反保密规定的；

5.发生泄密事件隐匿不报或极力阻碍泄密事件查处的；

6.对三次以上接到保密部门发出的整改通知,不加整改的。

五、泄露国家秘密,情节轻微并能在发生泄密事件后积极采取补救措施减少损害的,可酌情从轻给予行政处分。但泄密事件的责任人,三年内不得评为先进个人,发生泄密事件的部门,当年不得评为先进集体。

六、泄露国家秘密,凡出现下列情况之一的,追究其法律责任。

1.在履行公务期间,擅自离岗、叛逃或滞留境外的；

2.在境内下落不明者；

3.为境外机构、组织、人员窃取、刺探、收买、非法提供国家秘密或情报的。

七、保密工作奖惩审批表。

附　则

一、本汇编由队保密委员会负责解释。

二、本汇编自发布之日起执行。1986 年《保密工作条例》和 1994 年《保密工作管理规定》同时废止。

三、附录在后

附录B　核工业××大队安全生产管理制度

第一章　总　　则

第一条　为了加强全队的安全生产工作，有效防止和减少生产中的安全事故，保障职工（劳动者）在劳动过程中的安全与健康，促进我队经济发展。根据国家、陕西省和上级有关安全生产的法律、法规、标准和管理规定，结合我队实际情况，制定本规定。

第二条　凡在本队管理范围内，经大队批准，从事与本队有关的生产经营活动的公司、单位（以下统称为单位）的安全生产，适用于本规定；已经大队批准转发、下发的各专项安全管理规定，仍在适用之列。

第三条　大队安全生产工作实行目标管理，每年年初或开工（出队）前，各单位必须与大队签订《安全生产责任承包书》，明确安全生产责任、安全目标管理指标、考核和奖罚办法。各单位必须根据大队下达给本单位的安全目标管理指标，结合本单位的实际情况，确定目标再层层分解到班组，落实到人头，并采用多种保证目标实现的措施，通过检查反馈，实行宏观调控，要在加大培训、检查力度的基础上，加大考核力度，确保目标实现。

大队各职能部门要把安全生产工作纳入各项经济活动中，加强对各单位安全生产的目标管理和考核。在年终评比和考核中，实行安全一票否决制。

第四条　安全管理，坚持安全第一、预防为主的方针和管生产必须管安全，谁主管谁负责的原则。

第五条　大队长（法定代表人）和各部门、各单位行政正职（一把手）是安全生产第一责任人，对安全生产工作负全面的领导责任；分管安全生产工作的副职负具体的领导责任；分管其他工作的副职，在其分管工作中涉及安全生产内容的，承担相应的领导责任。

第六条　各级领导必须把安全生产工作摆在重要的议事日程上，在管生产的同时必须负责安全工作，在计划、布置、检查、总结、评比生产的同时要计划、布置、检查、总结、评比安全工作（“五同时”）。

第七条　新建、改建、扩建的基本建设项目（工程），技术改造项目（工程）和引进的建设项目（工程），其劳动安全卫生设施必须与主体工程同时设计、同时施工、同时投入生产和使用（“三同时”管理制度）。

第二章　安全组织机构

第八条　大队成立以大队长任主任，主管安全的副大队长、党委书记、工会主席、总工程师任副主任，各职能部门和有关单位主要负责人为成员的安全生产委员会，负责领导、协调全队的安全生产工作。

各单位必须建立行政一把手为组长的安全生产领导小组，负责领导、协调本单位的安全生产工作；凡从业人数在五十人以上或从事钻探、硐探、矿山开采、黄金堆浸等危险性较大的施工作业单位，必须根据实际情况配置至少一名专职安全员；凡从业人数在五十人以下，危险性相对较小的作业单位，必须根据实际情况配置至少一名兼职安全员；班组应设一名安全检查员。

第三章　安全生产责任制

第九条　各职能部门安全职责

一、大队安防部门安全职责

1.积极宣传、认真贯彻执行党和国家有关安全生产与劳动保护方面的方针、政策、法律、法规、标准和上级部门的各项安全管理规定(制度)。

2.负责建立健全大队安全组织机构和管理网络，在大队长、主管队长和大队安全生产委员会的领导下监督、检查、组织、协调各业务部门和基层单位完成大队劳动保护的各项技术管理工作。

3.负责大队日常安全管理工作，编制大队的年度安全目标管理计划与工业卫生计划，组织、检查、督促各部门、各执行单位按期实施并予以检查和考核。

4.配合有关部门(单位)制订和修订大队各项安全管理规定、制度、标准、职能部门安全职责分解与个人岗位安全生产责任制和安全技术操作规程，并督促检查贯彻执行。

5.协助主管领导组织队级安全大检查和日常巡查，及时纠正违章作业，监督有关单位及时整改事故隐患，对发现的重大事故隐患协同有关部门制定措施，并督促实施。

6.协助、配合、组织本队职工的安全教育、培训、考核和发证工作。

7.参加新建、扩建、改建、技术革新与改造的可行性研究报告和初步设计、审查、竣工验收以及设备大修工程的试车工作，并按规定审查验收。

8.组织开展全队性的安全活动和季节性、阶段性的安全专项工作，组织专项与年终安全生产的总结和评比。

9.负责审查本队安全技术措施计划，并督促有关部门实施，提出安措费用的使用意见，并监督、审核安措费用的使用。

10.负责组织对生产场所有毒有害和放射性物质的监测分析工作，制定防止放射性物质、尘毒危害和职业中毒措施，并督促实施；对从事有毒有害作业人员和职业病患者，按规定定期进行体检并健全相应的档案。

11.根据上级的有关规定，负责制定与审批本队劳动保护用品、保健食品和防暑降温饮料等级标准，并督促检查贯彻执行。

12.负责本队的因工伤亡事故管理工作，严格按照“四不放过”原则，对各类因工伤亡事故按规定进行统计、上报和参加调查处理；起草重伤以上事故调查报告；参加工伤鉴定；建立健全工伤事故档案。

13.在生产过程中，遇有危险状况和严重违章作业时，有权决定停止生产，并立即报告主管领导进行处理。

14.贯彻安全生产奖惩制度，对安全生产先进单位和个人提出奖励意见；对违反规章制度和发生工伤事故的单位和个人提出处理意见。

15.负责专、兼职安全员的业务管理，协调劳动人事部门和基层单位配备合格的专(兼职)安全员，组织专(兼职)安全员的业务培训工作；对安防环保人员(包括基层专职安全员)的不合理调动，有权予以否决。

16.组织对环境的辐射监测工作，监督检查放射性物质运输、贮存和放射性“三废”治理工作，搞好环境保护。

17.组织本队安防环保科研工作，积极推广应用现代先进的安全管理方法。

二、计划经营、财务部门安全职责

1.积极宣传贯彻执行党和国家有关安全生产、劳动保护及所管业务方面的方针、政策、法律、法规、标准和上级部门及本队的各项安全管理规章制度。

2.负责制定和完善本部门主管业务与内部管理等方面的安全管理制度与标准，并组织有关人员对执行情况进行检查与考核。

3.在编制、检查经济计划的同时编制检查安全技术措施计划和“三废”处理计划，并检查执行情况。

4.保证按规定足额提取安全技术措施经费，专款专用，定期核算。监督劳动保护用品、保健食品和清凉饮料经费开支，保证大队安全教育经费的实际需要。负责审核各类事故处理费用支出。

5.在与各单位签订各种经济承包合同时，必须将安全生产的具体主要指标列入承包内容进行检查与考核(计划经营部门)。

6.负责全队各类机械设备、设施的合理规划与日常安全管理工作，对所有设备上的安全防护装置和专用设备、设施建立账目和维修档案并纳入修理和更新改造计划。(计划经营部门)

7.负责组织压力容器、锅炉、起重机械等设备设施的定期检查、安全审验，确保设备安全。(计划经营部门)

8.在审核新技术、研究新工艺、购置新设备、新材料的同时，必须研究安全防护上出现的新

问题,并提出相应的安全技术措施,试生产时,必须作出安全鉴定。(计划经营部门)

三、保卫部门的安全职责

1.积极宣传、贯彻、执行党和国家有关安全生产、劳动保护及所管业务方面的方针、政策、法律、法规、标准和上级部门及本队的各项安全管理制度与标准。

2.负责制定和完善本部门主管业务与内部管理等方面的安全管理制度与标准,并组织有关人员对执行情况进行检查与考核。

3.负责本队的防火、防爆、防盗、防中毒、防破坏和治安工作中的安全管理、组织与协调工作。

4.组建本队防火委员会并健全大队各级消防安全组织和管理网络,组织制订与完善大队防火、防爆安全管理制度和工作计划,组织定期的消防安全教育。

5.负责配备消防器材,组织定期、不定期的消防检查,对查出隐患按职责范围及时下发整改单,限期整改并督促实施。

6.参加大队新建、扩建、改建和采用新技术、新工艺、购置新设备、使用新材料"四新"技术项目中有关防火、防爆、防毒内容的"三同时"审查、施工检查与验收工作。

7.负责火灾、爆炸事故,参加交通事故的调查、分析与处理工作。

四、劳动人事部门安全职责

1.积极宣传贯彻执行党和国家有关安全生产、劳动保护及所管业务方面的方针、政策、法律、法规、标准和上级部门及本队的各项安全管理制度与标准。

2.负责制定和完善本部门主管业务与内部管理等方面的安全管理制度与标准,并组织有关人员对执行情况进行检查与考核。

3.对新入队人员及时组织安排安全知识教育,经考核合格后方可分配工作。组织对职工安全技术教育和特殊工种的培训、考核工作。

4.组织签订各类用工劳动合同时,必须符合《劳动法》、《安全生产法》中有关劳动安全卫生的要求,明确双方的权利与义务及监督保证措施,并会同有关部门(单位)执行。

5.负责大队临时用工与协议工的管理,指导与检查各单位签订符合《劳动法》的劳动合同,定期清查临时用工的分布,并督促用人单位进行安全教育和登记,建立动态的管理档案。

6.严格控制加班加点,贯彻劳逸结合。在职工升级和评奖时要把安全生产情况作为重要考核内容之一。

7.做好新工人的体检工作。

8.参加工伤事故的调查处理和工伤鉴定工作。

五、工会部门安全职责

1.向职工宣传国家安全生产方针、政策、法律、法规、标准和上级部门及本队安全生产规章制度,对职工进行遵章守纪和安全知识教育。

2.负责制定和完善本部门主管业务与内部管理等方面的安全管理制度与标准,并组织有关人员对执行情况进行检查与考核。

3.监督和协助大队行政贯彻执行各项安全生产法律、法规、条例和规定，及时督促解决生产中出现的安全问题，督促用人单位不断改善劳动条件。

4.监督检查大队劳动保护经费的提取和劳动保护措施计划的落实，搜集整理职工有关安全生产中的问题、意见和建议，提交职工代表大会讨论。

5.监督检查新建、改建、扩建工程项目的劳动保护设施，严格按照与主体工程同时设计、同时施工、同时投产的规定执行。

6.督促大队行政按照有关规定发放劳动防护用品，执行国家关于职工工作时间和休息休假的规定，制止危害职工健康的加班加点。

7.发现违章指挥，强令职工冒险作业，或在生产过程中发现明显重大事故隐患和职业危害，危及职工生命安全时，有权代表职工向大队行政或现场指挥人员提出停产解决的建议。如无效，即应支持或组织职工停止操作，撤离现场，职工工资照发。

8.严格按照"四不放过"原则参加重伤以上事故的调查、分析和处理。有权代表职工和家属对造成伤亡事故和财产损失的主要责任者，提出控告，追究其行政的或法律的责任。

六、车辆管理部门(人员)安全职责

1.认真贯彻执行《道路交通安全法》和有关交通安全的各项规定，做好机动车辆检验和驾驶员的年审、安全教育和考核工作。

2.检查督促用车单位做好车辆维修保养工作，确保安全行驶。

3.协同有关部门做好交通安全管理及各类交通事故的调查、处理工作。

七、其他职能部门安全职责

1.积极宣传贯彻执行党和国家有关安全生产、劳动保护及所管业务方面的方针、政策、法律、法规、标准和上级部门及本队的各项安全管理制度与标准。

2.负责制定和完善本部门主管业务范围内的安全管理规章制度，并组织有关人员对执行情况进行检查与考核。

3.积极支持、配合有关部门搞好本队的安全生产工作。

第十条　各级人员安全生产责任制

一、大队长的安全职责

1.大队长是本队安全生产的第一责任人，对安全工作负全面责任。贯彻执行安全生产方针、政策、法律、法规和标准；建立健全和贯彻落实安全生产责任制；审定、颁发本队统一性的安全生产规章制度。

2.牢固树立"安全第一"的思想，贯彻安全生产"五同时"原则；确定本队安全生产目标并组织实施。

3.主持召开安全生产例会，定期向职工代表大会报告安全生产情况，认真听取意见和建议，接受群众监督。

4.审定大队改善劳动条件的规划和年度安全措施计划,按规定提取和使用安措经费,及时解决重大隐患。对本队无力解决的重大隐患,及时向上级有关部门提出报告。

5.在新、改、扩建项目中,遵守和执行“三同时”规定。对其他重要的经济技术决定,应负责制定具有保证职工安全、健康的措施。

6.组织对重大伤亡事故的调查分析,按“四不放过”的原则严肃处理,并对所发生的伤亡事故调查、登记、统计和报告的正确性、及时性负责。

二、主管安防工作的副大队长的安全职责

1.协助大队长领导本队的安全生产工作,对分管的安全工作负直接领导责任,具体领导和支持安防部门开展工作。

2.组织职工学习安全生产法律、法规、标准及有关文件,主持制定安全生产管理制度和安全技术操作规程,定期检查执行情况。主持和组织本队重要的安全生产活动。

3.协助大队长做好召开安全生产例会的准备工作,对例会决定的事项,负责组织贯彻落实。

4.主持编制、审查年度安全技术措施计划,并组织实施。

5.定期组织开展全队性的安全生产大检查,对查出的问题,要认真研究并责成有关单位(部门)限期解决。发现重大隐患,立即组织有关人员研究解决,或向大队长及上级有关部门提出报告。在上报的同时,组织制定可靠的临时安全措施。

6.负责组织对重大事故进行调查、分析和处理。

三、工会主席的安全职责

1.负责组织职工开展劳动安全竞赛活动,搞好职工的劳动保护工作。

2.按照同家有关规定,督促大队行政对符合条件的职工定期组织疗养和辅助医疗工作。定期组织职工进行身体检查,健全职工健康档案。

3.参与监督检查各项安全操作规程的执行情况,监督检查有毒有害作业环境的治理情况。

4.参与职工因工死亡、工伤和职业病的调查、分析和处理,监督检查基层单位落实预防措施的实施情况,协同单位领导做好善后工作。

5.监督检查本队女工的劳动保护工作。

四、其他副队级领导安全生产职责

1.按照“谁主管谁负责”的原则,对所管业务范围内的安全生产工作负全面的领导责任。

2.认真贯彻执行党和国家有关安全生产、劳动安全卫生方面的方针、政策、法律、法规及本队的各项安全生产管理制度与标准。

3.主持制定主管业务范围内的安全管理规章制度与标准,并组织有关人员对执行情况进行检查与考核。

4.严格按照“五同时”的规定,将主管的业务工作与安全工作同时计划、布置、检查、总结和评比。组织制定、审批主管业务工作中的安全措施计划,并组织实施。

五、各部门负责人安全生产职责

根据“谁主管谁负责”的原则,对本部门的安全生产职责的落实负直接领导责任。

六、公司、分队级领导安全生产职责

1.公司、分队级行政正职是本公司、单位安全生产的第一责任人,对本公司、单位的安全生产全面负责;副职对分管业务内的安全工作负责。

2.保证国家和大队安全生产法律、法规、制度、指标在本公司、单位贯彻执行。把安全生产工作纳入重要议事日程,做到“五同时”。

3.建立健全本公司、单位的安全组织机构和管理网络,按规定选配合格的专、兼职安全员,定期召开安全防护会议,组织编制本公司、单位年度安全防护措施计划,制定本公司、单位安全管理目标,选好班组长,抓好班组建设。

4.负责建立健全本公司、单位的各项安全管理规定和各岗位安全操作规程。

5.组织对新工人进行分队级安全教育和班组级安全教育,对职工进行经常性的安全思想、安全知识和安全技术教育,定期组织考核,坚持每月一次安全生产讲评会制度,定期组织参加班组安全日活动,及时解决职工提出的正确意见。认真开展大队组织的各项安全竞赛活动。

6.定期组织开展本公司、单位的安全生产大检查工作,落实隐患整改,保证设备、安全装置、消防、防护器材等处于完好状态。

7.严格执行劳保用品、保健食品、清凉饮料等的发放标准和规定。加强防护器材的管理,教育职工妥善保管,正确使用。

8.严格按照“四不放过”原则,按规定对本公司、单位发生的事故及时调查、分析、上报,落实事故防范措施。

七、分队一级安全员职责

1.协助领导组织和做好本单位安全防护工作,提出安全防护措施,参加公司、分队组织的安全大检查,参加本单位新建、扩建、改建工程设计审查、竣工和设备改造、工艺变动方案的审查,对职工(包括民工)进行安全教育,协助领导组织安全活动日和安全竞赛活动,业务上受大队安卫科的指导。

2.参加本单位制定、修改有关安全生产管理制度和安全技术规程工作,协助领导编制本单位安全技术措施计划,并检查执行情况。

3.认真填写安全员工作记录和“四簿一表”及本单位安全生产讲评会会议记录,定期查看班组安全活动日记录。

4.经常深入生产现场检查,发现隐患及时整改,制止违章作业,对紧急情况和不听劝阻者,有权停止其工作,并立即报请领导处理。

5.按规定做好本单位各类事故的统计、分析和上报工作,参加事故调查,协助领导严格按照“四不放过”原则进行处理。

八、班组长安全生产职责

1.班组长是班组安全生产的第一责任人,必须认真组织职工学习贯彻执行各项安全生产规章制度,组织安全活动日,安全检查,交接班和安全教育活动,督促和教育职工合理使用劳保用品,正确使用防护器材;班组长在布置生产任务的同时应布置安全工作。

2.发现不安全因素或发生事故时应立即采取措施并报告领导或安全员,组织一般事故分析会。

3.对违反安全防护制度和安全操作规程的不良现象,提出批评、劝阻和制止。

九、班组兼职安全员的职责

1.负责班组的日常安全工作,宣传安全生产法规,进行安全防护教育,协助班长组织安全活动日并做好记录,业务上受分队安全员指导。

2.贯彻执行安全防护规章制度和安全技术操作规程,对违章作业有权制止,并及时报告;督促检查班组人员正确使用防护用品和防护器材。

3.参加事故分析,协助班组长制订预防事故措施并贯彻执行。

十、生产工人安全生产职责

1.认真学习和严格遵守各项安全生产规章制度、劳动纪律和岗位安全操作规程,不违章作业,并劝阻制止他人违章作业。

2.精心操作,做好各项记录,交接班必须交接安全生产情况,交班要为接班创造良好的安全生产条件。

3.正确分析、判断和处理各种事故苗头,把事故消灭在萌芽状态。发生事故,要果断正确处理,及时如实地向上级报告,严格保护现场,做好详细记录。

4.作业前认真做好安全检查工作,发现异常情况,及时处理和报告。

5.加强设备维护,保持作业现场整洁,搞好文明生产。

6.上岗前必须按规定着装。妥善保管,正确使用各种防护用品和消防器材。

7.积极参加各种安全活动。

8.有权拒绝违章作业的指令。

第四章　安全技术措施

第十一条　安全技术措施是改善劳动条件,保障职工安全健康,促进生产发展的重要措施,要严格与生产、基建和福利等项措施分开。

第十二条　大队每年在编制生产计划的同时,必须编制安全技术措施计划,所需经费、设备、器材应单独列入大队财物计划,并与生产计划同时安排。

第十三条　大队在编制年度和长远规划时,要包括辐射防护、安全技术、劳动保护、防尘防毒和现代安全管理的内容,防止重大伤亡事故、辐射事故,防止坍塌、冒顶和水淹,以及职业危害等重大技术课题,要纳入有关部门的科学研究规划,组织攻关,及早解决。

第十四条 在有危及人身安全和职业危害的劳动场所,应根据危害的性质和程度,设置可靠的安全防护设施,监护报警装置,明显的安全标志以及在紧急情况下进行抢救和安全疏散的设施。

第十五条 使用的机械电器和辐射作业岗位必须有可靠的安全防护装置。电器设备和线路的绝缘必须良好,裸露的带电导体必须设置安全护栏和醒目的警告标志。设备的控制和调节要有保护装置。

第十六条 工程项目的设计和建设必须符合国家有关安全防护和环保的规定。工程项目投产前必须按国家有关安全防护环保规定组织验收。不符合安全防护环保设计标准和国家规定的工程不得投产。

第十七条 安全措施经费(以下简称"安措费")的提取、管理、使用、审批。

1.大队每年在固定资产更新和技术改造资金中提取10%~20%,各二级单位在生产经营合同产值中提取1%(从事危险性较大作业的单位如:黄金堆浸,矿山开采,坑道掘进,钻探施工等,在生产经营合同产值中最少提取3%),上级安全专项拨款及安全生产奖、罚金等进入大队安措费成本。无固定资产更新和技术改造资金时,从大队的事业费中提取3~5万元。

2.大队提取的安措费由大队安全生产委员会和财务科管理。财务科单独立账,安全生产委员会负责使用。

3.安措费只能用于以改善劳动条件,防止伤亡事故和职业病为目的的一切技术措施。

4.各二级单位提取的安措费原则上返回原单位用于安全隐患的整改,专款专用。凡本年度安措费有节余的转入下年度使用,本年度安措费不够支出的由下年度的安措费补充或由大队统一调配补贴。大队提取的安措费主要用于大项目的整改,大队级的安全教育、培训和奖励。

5.各单位对查出的事故隐患必须及时整改,并提交用款书面申请,写明事故隐患,整改内容,整改时间及用款计划。申请经大队安防环保卫生科审查同意,交主管队长审批后方可实施。整改后由大队安全生产委员会组织有关人员进行验收,验收合格签字后,方可到财务科核销。

6.大队提取的安措费由安防科提出用款计划,经主管队长同意报大队安全生产委员会审批后,由财务科支付、核销。

第五章 安全教育与培训

安全教育和培训是贯彻安全生产方针,实现安全生产、文明生产,提高职工安全意识、安全素质和操作技能,增强职工安全法治观念和自我保护能力,防止伤亡事故,减少职业危害和人为失误的重要途径,是安全管理的基础,也是实现安全生产的必备条件之一。

第十八条 大队成立大队长任组长,主管安全的副大队长任副组长,大队职能部门有关人员为组员的安全教育领导小组,负责全队的安全教育工作。各二级单位要根据本单位的实际情况成立相应的机构,负责本单位的安全教育工作。

第十九条　对新职工(包括新分配、招聘的大、中专毕业生)上岗前必须进行三级安全教育。安全教育的时间不得少于40学时,并经考核合格后方能上岗。

1.队(厂)级安全教育由大队安全生产管理部门会同劳资等部门组织实施。主要内容包括:安全生产的法律、法规、通用安全技术知识、安全生产和安全文化的基本知识,讲解安全生产的重大意义,本单位安全生产的规章制度及劳动纪律,本单位安全生产的形势,特殊危险场所的位置,典型的事故案例及原因分析等。

2.分队(车间、公司)级安全教育由分队领导组织实施。主要内容包括:本单位的概况、生产性质、生产任务、生产工艺流程,主要设备的特点,安全生产状况和规章制度,本单位的危险区域,有毒有害因素及必须遵守的安全事项,预防工伤事故和职业病的主要措施,典型事故案例及事故应急处理措施等。

3.班组安全教育由班组长组织实施。主要内容包括:本班组安全生产情况,遵章守纪教育和岗位安全操作规程,所使用机器设备、工具的性能、特点及安全装置、防护设施性能、作用和维护方法,岗位间工作衔接配合的安全事项,典型事故及发生事故后应采取的紧急措施,劳动防护用品(用具)的性能及正确的使用方法等。

对从事放射性作业的人员,还应进行必要的放射性防护知识教育。

第二十条　对从事特殊工种作业人员(电工作业,金属焊接切割作业,起重机械“含电梯”作业,企业内机动车辆驾驶,登高驾设作业,锅炉作业“含水质化验”,压力容器作业,制冷作业,爆破作业,矿山通风作业“含瓦斯检验”,矿山排水作业“含尾矿坝作业”;由省市治区、直辖市安全生产综合管理部门或国务院行业主管部门提出,并经国家经济贸易委员会批准的其他作业)必须经当地劳动部门进行专业技术培训,经考试合格,发给“特种作业人员上岗操作证”才能上岗作业,并按要求定期复审。无证人员不得从事特殊工种作业。

特殊工种作业人员的培训费,由用人单位从本单位的安措费中支出,大队安防部门负责联系培训的时间和地点。

第二十一条　采用新工艺、新技术、新材料或者使用新设备的“四新”安全教育由用人单位组织实施。主要内容包括:新工艺、新技术、新设备、新产品的安全性能及安全技术;新工艺的操作技能和新材料的特性;安全防护装置的使用和预防事故的措施等。

第二十二条　工伤事故受伤者或职业中毒患者在治疗终结后经医疗部门诊断可以复工者,由大队安防部门负责对其进行复工安全教育。变换岗位或因病、事、产假、停薪留职离岗一年以上重新上岗员工的安全教育培训内容,按照分队、班组级安全教育程序和办法由分队、班组组织实施。

第二十三条　各单位因工作需要临时雇用的民工,按照“谁使用,谁负责”的原则,在上岗前由用人单位对其进行安全操作知识、安全操作技能的培训,培训后经考试、考核合格后方能上岗工作。同时加强监督、管理，定期组织安全教育和知识培训。

第二十四条　队级领导、公司经理、队级专职安全管理人员的安全教育由安防部门联系，由省劳动厅劳动保护教育中心组织实施。

从事矿山开采作业的矿长必须参加由当地劳动部门组织的安全管理知识培训，考试合格后持证（矿长安全生产上岗资格证）上岗。

第二十五条　大队每年对各二级单位的专（兼职）安全员和部分领导进行一次安全培训，培训时间不得少于24学时，由安防部门组织实施。

第六章　安全检查与隐患整改、安委会会议制度

第二十六条　安全检查采用定期安全检查、不定期安全检查和日常性安全检查相结合的方法进行。

1.定期安全检查

（1）大队级安全检查。大队安全生产委员会根据大队安全生产的实际情况，至少每季度组织一次全队性的安全生产大检查，由安委会主任、副主任带队，安委会有关成员参加对各单位的安全生产情况按照《211大队安全检查登记表》的内容进行全面检查，检查采用"看"—看生产现场，"听"—听取汇报，"查"—查规章制度和原始记录，以"看、查"为主，听取汇报为辅。检查完后开讲评会，先由检查组通报检查情况，再与被检单位交换意见，逐条落实事故隐患整改的措施、时间和负责人，最后下发事故隐患整改通知单（书），责任人签字。并将检查结果在全队进行通报。

（2）公司、分队级安全检查。公司、分队要根据各自的实际情况，每月至少组织1次安全生产大检查，检查由公司、分队第一责任者亲自组织，发现隐患及时整改并做好检查记录。

（3）班组级安全检查。由班组长组织，对本班组的安全生产状况进行全面的大检查，发现隐患及时整改并做好检查记录。班组级安全检查每周至少组织一次。

2.不定期安全检查。不定期安全检查分别由大队安委会、职能部门、公司、分队、班组根据安全生产的实际需要组织的安全检查。如：开工前的安全检查，季节性的安全检查，节前安全检查等。

3.日常性安全检查。是以专（兼）职安全员、生产管理人员和岗位工人为主，在日常生产工作中进行的安全检查。要求专（兼职）安全员坚持每日巡查并建立"安全员日志"。

第二十七条　对上述安全检查中发现的各类事故隐患，各单位必须在限定的期限内整改完毕。对一些大的，在资金、技术上一时难以解决的事故隐患，要在确保人员、设施安全的前提下限期、限人或逐级上报解决。必要时停产解决。

第二十八条　为了及时、准确的掌握我队安全生产的基本情况，正确的分析、处理安全生产方面的重大问题，必须建立各级安全生产会议制度，大队安全生产委员会每年召开4次会议

(每季度1次),二级单位每年召开6次会议(2个月1次),班组每年12次(每月至少1次)。

第七章 伤亡事故的调查处理

第二十九条 凡在工作时间工作区域内发生的和生产有关的人身伤亡事故,急性中毒事故(交通事故由当地交警或当地公安部门处理)均属因工伤亡事故,必须按照本规定报告、统计、调查和处理。

我队在册职工在工作、生产中发生伤、残、死亡的,凡符合下列条件之一的,按照因公(工)伤亡待遇处理。

1.在工作岗位或本单位工作区域内从事日常工作遭到非本人所能抗拒或非本人责任的意外事故,造成伤亡的。

2.经领导安排或同意,从事与本职工作有关的科学实验、发明创造或技术改进工作致伤、死亡的。

3.因工作需要,经领导安排加班加点或值班,不能回家休息,临时在工作地点休息或睡眠时,遭到意外事故造成伤亡的。

4.工作人员因公(工)外出执行公务,调动工作,赴任途中,遭到非本人责任的意外事故,造成伤亡的。

5.组织派遣到国外工作的人员(含驻外、援外、出国考察、演出及临时性因工出国人员),在国外遭到意外事不幸伤亡的。

6.因工作环境接触有毒有害物质,经指定医院检查证明,确系毒物中毒或因职业病死亡的(职业病范围按照卫生部、劳动人事部、中华全国总工会关于修订颁发的《职业病范围和职业病患者处理办法的规定》确定)。

7.为保护国家集体利益和人民生命财产安全,同犯罪分子进行斗争致伤、死亡的。

8.参加本单位或上级组织举办的体育比赛、文艺演出、义务劳动及代表单位参加其他社会活动过程中造成伤亡,确非本人责任的。

9.在本机关集体食堂就餐(含参加会议食堂就餐,不含营业性食堂)发生食物中毒,造成疾病和死亡的。

10.上下班途中,遭到非本人所能抗拒的意外灾害(难)致伤、致死,经有关部门认定批准的。

11.经医疗事故技术鉴定委员会鉴定,确属医疗事故(含计划生育手术事故)造成工作人员死亡或残废的。

12.因战、因公致残的工作人员,确因旧伤复发,经医院抢救无效而死亡的。

第三十条 事故报告

伤亡事故发生后,负伤者或最先发现的人,必须立即报告班组长,班组长必须立即报告基层单位领导和安全员。轻伤事故报告至基层单位领导的时间，如无特殊原因，最迟不得超过12个小时；基层单位上报至大队的时间一般不得超过48个小时。

轻伤事故：指职工负伤后休一个工作日以上，构不成重伤或者损失工作日低于105日的失能伤害事故。

重伤事故：重伤为损失工作日超过105日的失能伤害。

基层单位领导接到发生重伤以上的事故报告后，必须将事故概况（即姓名、工种、事故发生的时间、地点、原因、伤亡人数及伤害程度、事故发生后采取的措施及事故控制的情况）用最快速的方法，在12小时内报告至大队（大队在24小时内报至地质局）。死亡以上事故在报告大队的同时，向所在地安全生产监督管理部门、公安部门、人民检察院和工会报告。发生重大死亡以上事故的单位，必须以最快的方法，在2个小时以内将事故概况报告至大队（大队在3小时内报至地质局）和当地政府有关单位。

凡有下列情况之一的均为重伤事故。

1.经医生诊断为残废或有可能成为残废的；

2.伤势严重，需要进行较大的手术才能挽救的；

3.人体要害部位严重的灼伤、烫伤或非要害部位的灼伤、烫伤占全身面积3%以上的；

4.严重骨折（胸骨、肋骨、脊椎骨、锁骨、肩胛骨、腕骨和脚骨等因受伤引起骨折）、严重脑震荡等；

5.眼部受伤较重有失明可能的；

6.手部伤害：大拇指轧断一节，食指、中指、无名指、小拇指任何一只轧断两节或任何两指各断一节的，局部肌腱受伤甚剧，引起机能障碍，不能自由伸曲而残废的；

7.脚部伤害：脚趾断二节以上，局部肌腱受伤甚剧引起机能障碍，不能行走自如，可能残废的；

8.内部伤害：内脏损伤，内出血或者伤及腹膜等；

9.凡不属上述范围内的伤害，经医生诊断后，认为受伤较重，可根据实际情况参考上述各点，由企业行政部门会同工会提出初步意见，报当地安全生产监督管理部门审查确定。

死亡事故：死亡事故指死亡（含伤后1个月内死亡）3人以下的事故。

重大死亡事故：是指死亡3人或3人以上、10人以内的事故。

特别重大死亡事故：死亡人数为10人以上的事故。

第三十一条　事故调查

1.轻伤事故由基层单位领导组织安全技术、生产技术人员和基层工会共同进行调查，确定事故原因，拟定改进措施，按照“四不放过原则”进行严肃处理，并按要求填写《职工伤亡事故登记表》，在一周内（特殊情况不得超过一个月）报大队安全环保卫生科，否则所造成的一切不良后果由基层单位负责。

2.发生重伤或死亡事故的单位必须保护好事故现场并迅速组织事故抢救，因抢救人员、防止事故扩大以及疏通交通等原因,需要移动现场物件的,必须做出标志、绘制现场简图并写出书面记录,妥善保存现场重要痕迹、物证。事故现场的清理必须经事故调查组同意后方可清理。

3.重伤事故由大队组织调查组对事故进行调查。

4.死亡以上事故由大队汇同主管局和当地政府有关部门按照国家、陕西省有关规定组成事故调查组对事故进行调查。

第三十二条　各类事故调查的调查记录、绘图、照片、证人证言和会议记录以及技术鉴定和试验报告,卫生医疗部门检查诊断材料等都要归入事故档案。

第三十三条　事故处理。事故处理要严格按照“四不放过原则”(即:事故原因不清不放过;事故责任者和群体没有受到教育不放过;没有防范措施不放过;事故责任者没有受到处理不放过)严肃查处。

一、对事故责任者的处理

1.有下列情况之一者,要追究肇事者或有关人员的责任:

(1)违章指挥、违章或冒险作业,造成伤亡事故的;

(2)不履行安全生产责任制,违反安全操作规程,造成伤亡事故的;

(3)不服从管理,违反劳动纪律,擅离职守或擅自开动设备,私自更改、拆除、毁坏安全防护措施,造成伤亡事故的;

(4)不按规定穿戴、使用劳动防护用品、用具,造成伤亡事故的。

2.有下列情况之一者,要追究有关领导人员的责任:

(1)安全管理混乱,措施不到位,安全责任制、规章制度、操作规程不健全、职工无章可循,造成伤亡事故的;

(2)未按规定对职工进行安全教育培训、持证上岗,造成伤亡事故的;

(3)设备超期、超负荷、带病运行,安全防护装置缺损,有关设备未按规定进行检验,造成伤亡事故的;

(4)劳动条件、作业环境不符合安全卫生规定要求,不按规定提出和使用安全措施经费,改善劳动条件,造成伤亡事故的;

(5)对危及安全的事故隐患,不及时整改,造成伤亡事故的;

(6)新建、扩建、改建工程项目不执行“三同时”,造成伤亡事故的。

3.有下列情况之一者,对有关人员要加重处罚:

(1)发生重伤、死亡事故隐瞒不报、虚报、故意拖延不报的;

(2)事故发生后,不积极组织抢救或抢救不力,造成更大伤亡的;

(3)在事故调查中,故意移动破坏现场,无理拒绝调查,拒绝提供有关资料,干扰调查,隐瞒真相,弄虚作假,徇私舞弊,打击报复,嫁祸于人的;

(4)事故发生后,不吸取教训,不采取防范措施,致使在短期内发生同类事故的;

(5)对事故隐患不采取治理措施,导致伤亡事故的。

第三十四条 事故结案

在伤亡事故的情况查清后,对事故责任者进行了处理,拟定并落实了整改措施,经有关部门(领导)批准应予结案。

一、伤亡事故调查报告必须经下列单位审批后,方可结案。

1.轻伤事故:须经基层单位领导(第一责任者)批准,并将《职工伤亡事故登记表》及医院诊断证明书一起报大队安防环保卫生科备案。

2.重伤事故:须经大队主管领导批准,报陕西省核工业地质局审批后方可结案。

3.死亡事故:须经陕西省核工业地质局或当地人民政府有关部门审批后,方可结案。

二、发生重伤、死亡事故,必须建立完整的档案,各级有关领导人和安防部门负责人及调查组所有人员,都要签字(盖章),对档案的真实性、完整性负责。

三、伤亡事故档案,永久保存。

四、事故处理结案后,必须认真执行对事故责任者的处分决定,将处理决定向全体职工宣布,并装入个人档案,对有意拖延或拒绝执行的要追究有关领导人的责任。

第八章 保健、劳动防护用品的管理

第三十五条 保健是国家为了解决对从事有毒有害、高温、井下作业工种的特殊营养需要,增强职工抵抗职业性毒害的能力,预防职业病和职业中毒的一项保护措施。按规定,保健实行保健食品制度(即按标准发放实物)。

我队经上级同意后,采用以实物供应标准折合成现金的形式发放。

第三十六条 我队发放的各类保健的标准必须由陕西省核工业地质局安卫处审批后方可实施。

第三十七条 各单位下发的保健必须到安防环保卫生科办理审批手续,其办理办法如下。

1.矽肺病患者和经陕西省人事厅核准的因公(工)伤残人员的保健金按大队有关文件规定标准、要求发放,不再办理审批手续。

2.各单位每月或每季度(特殊情况可适当延长,但不得跨年度)到安防环保卫生科办理一次保健审批手续,各单位办理审批手续时,必须上交有本单位行政一把手签名,加盖单位公章的享受保健的人员名单,包括从事何种作业(凡从事特殊工种作业的必须持“上岗证”方可享受保健),工作天数等相关材料。

3.各单位领导必须对申报享受保健人员进行认真核实并签注意见。安防环保卫生科根据各单位申报的相关材料,核准保健标准和金额并签发“保健发放凭证”。各单位依据“保健发放凭证”核定的金额在本单位支取(工资在什么地方领就在什么地方发),年终大队予以核销。

第三十八条 劳动防护用品是保护劳动者在劳动过程中的安全与健康的一种防御性装

备。是专门为了防止或减轻事故伤害，预防职业病和职业中毒的发生而采取的个人防护措施之一，不同于福利待遇，因此，各单位必须按规定发放。同时，要教育本单位职工按照劳动保护用品使用规则和防护要求正确使用劳动防护用品。

第三十九条　劳动防护用品应当按照劳动条件发给，属于在生产过程中保护职工的安全、健康所必需的则发，否则不发。各单位必须为职工提供符合国家规定的劳动防护用品。劳动防护用品由各单位根据本单位生产工作的实际需要，编制购买、使用计划，报大队安防环保卫生科审批后，自行购买，费用进入本单位的生产经营成本，大队不再统一购买。国家对特种劳动防护用品实施安全生产许可证制度，特种劳动防护用品须到定点经营单位或生产企业购买，购买的特种劳动防护用品必须具有安全生产许可证、产品合格证和安全鉴定证。

各单位购买的劳动防护用品必须经大队安防环保卫生科验收、登记、备案。

第四十条　防护用品必须供给实物，不得折发现金。发放的劳动防护用品不得转卖或以物易物。

第四十一条　防护用品丢失后不再补发，由丢失者自行解决或由本人自费向原发放单位购买。丢失后无论用什么方法解决，必须保证在上岗时按规定穿戴好防护用品。

第四十二条　外单位来我队实习、培训人员的防护用品由原单位负责发放，雇用民工的劳动保护用品由用人单位负责发放。

第四十三条　凡从事多种作业或多种劳动环境中作业的人员，应按其主要作业的工种和劳动环境配备劳动防护用品。如配备的劳动防护用品在从事其他工种作业时或在其他劳动环境中确实不能适用的，应另配或借用所需的其他劳动防护用品。

第四十四条　生产管理、调度、保卫、安全检查以及实习、外来参观者等有关人员，应根据其经常进入的生产区域，配备相应的劳动防护用品。

第四十五条　在生产设备受损或失效时，有毒有害气体可能泄漏的作业场所，除对作业人员配备常规劳动防护用品外，还应在现场醒目处放置必需的防毒护具，以备逃生、抢救时应急使用。用人单位还应有专人和专门措施，保护其处于良好的待用状态。

第九章　尘毒作业与职业病管理

第四十六条　凡从事有尘毒危害作业的单位要切实做好尘毒防治工作，必须按照国家有关规定、标准对生产性尘毒作业场所进行监测，并采取综合措施（包括技术措施、组织管理措施和卫生保健措施）使作业场所排放的尘毒浓度达到国家规定的卫生标准和排放标准。

第四十七条　大队建立职工职业健康档案，对从事放射性和其他有毒有害物质操作的职工按规定进行就业前的健康检查，发现有职业禁忌症者，不得从事所禁忌的工作。

第四十八条　对从事有尘毒危害作业的职工必须按规定进行定期健康检查，发现有疑似职业病患者，应暂时调离有职业危害的岗位。对确诊的职业病患者，必须立即调离原岗位，并按国家、省和上级有关规定给予治疗(疗养)和相关待遇。

第十章　奖　罚

第四十九条　奖励

1.安全组织机构健全,安全生产岗位责任制落实到位,安全生产各项规章制度和操作规程齐全并能严格遵照执行,全面完成大队制定的各项安全生产控制指标,对大队安全生产第一责任者、主管领导、安防科长、安防干事和安全生产委员会相关成员给予一定的奖励。

2.对能认真贯彻落实国家、省、上级和大队有关安全生产方面的法律、法规、标准和规章制度,严格安全管理,全年无安全事故单位的领导和专(兼)职安全员给予30~100元的奖金。

3.在生产过程中制止违章,发现和解决隐患,避免事故,抢险救灾中作出贡献的个人和对安全生产工作中有发明创造,对安全技术有重大改进,推广安全新技术有卓越成绩或提出有效建议等方面做出成绩的个人,可根据成绩大小奖励50~300元,成绩突出者可以酌情重奖。

4.对符合《××省核工业地质局安全行车竞赛(试行)办法》的有关规定,安全行车累计十万公里者,奖励1 000元。连续安全行车累计达到50万公里,奖励2 500元,并授予局安全行车优秀驾驶员光荣称号。

第五十条　处罚

1.凡因违反安全生产法律、法规、标准、规章制度、规定和操作规程发生伤亡事故的,除按有关规定处理外,并给予相关人员以下经济处罚。

轻伤事故:每一人次罚相关责任人50~200元;

重伤事故:每一人次罚相关责任人100~500元,扣罚所在单位年度奖的5%,罚所在班组50~200元,罚单位安全生产第一责任者和安全员50~300元,罚大队安全生产第一责任者、主管领导、安防科长、安防干事50~200元;

死亡事故:每一人次罚相关责任人100~500元,罚所在班组100~300元,扣罚所在单位年度奖的10%,罚单位安全生产第一责任者和安全员100~500元,罚大队安全生产第一责任者、主管领导、安防科长、安防干事和安全生产委员会相关成员100~500元。

2.行车中凡发生负同等责任以上(包括同等责任)的交通事故,以保险公司绝对免赔本单位经济损失值(即:以事故总费用－保险公司赔付额)的20%处罚驾驶员,每重伤一人加罚驾驶员500元,每死亡一人加罚驾驶员1 000元。

3.发生设备、爆炸事故造成经济损失的直接责任者,依照国家有关规定进行处理,并按直接经济损失的5%~15%,对责任者予以罚款,如同时造成人身伤亡时,参照本条第1款予以处罚。

4.凡违章作业,违反劳动纪律的每发现一次,罚当事人10~50元,违章指挥的每发现一次,罚当事人50~200元。

5.凡无“双证”(驾驶证、局发上岗证)驾驶本单位机动车辆的,每发现一次,罚当事人100~200元,罚驾驶此车的驾驶员200元,罚车辆主管单位领导200元;凡无证私自驾驶本单位机动车辆的,每发现一次,罚当事人200~500元;私自将本单位机动车辆转交他人驾驶的,每发现一次,罚当事人500元。

6.为加大事故隐患整改的力度,保证隐患及时整改,对安全检查中查出的事故隐患,凡有能力整改而不及时整改的,在复查中,每发现一处,罚单位第一责任者人民币50~100元。同一隐患经两次复查仍未整改的,安委会(检查组)将上报大队,建议大队依据有关程序免除其单位第一责任者的行政职务。

第五十一条　安全生产奖罚意见由大队安委会做出,任何单位、部门、各级领导必须无条件的服从并执行。

第十一章　附　则

第五十二条　本制度如有与国家法律、法规及上级有关文件精神相抵触时,以国家法律、法规及上级有关文件精神为准;如有与本单位内部有关制度相抵触时,以本制度为准。

第五十三条　本制度自颁布之日起开始执行。

第五十四条　本制度解释权归大队安全生产委员会。

参考文献

[1] 从慧玲.以人为本,安全第一,保障核工业可持续发展[J].中国核工业,42－43.
[2] 从慧玲,李玉成等.倡导核安全文化建设[J].辐射防护通讯,2002(4)27－29.
[3] 从慧玲,张金涛.我国核工业放射源安全管理[J].辐射防护,2002(5)262－265.
[4] 单自强,朱继洲等..电安全分析与最新动向[J]现代电力,2006.(10)24
[5] 贾定杰.中国之光——核工业50年剪辑[J].中国军转民,2005.(3)193.
[6] 康日新.总结核电建设经验,推动核电可持续发展[J].中国核工业,2000.(5)6－8.
[7] 李书绅.核环境科学40年发展回顾[J].辐射防护通讯,2002.(8)9.
[8] 刘华,俞军等.我国辐射环境安全管理的现状与对策[J].辐射防护通讯,2002.(10)6.
[9] 刘泰华.树立大安全观是社会发展的需要[J].现代职业安全30－31.
[10] 宋昌钰.中国核电产业分析[J].中国核工业,2007.(2)9－12.
[11] 王毅韧.我国核电的现状与发展[J].国防科技工业,2004.(9)24.
[12] 吴伟仁.实施知识产权战略,建设创新型国防[J].国防科技工业,2006.(6)21－23.
[13] 修立军,王洁.军工企业知识产权及保护[J].南京理工大学学报,2006.(12)85－88.
[14] 杨映璜,杨志敏.核工业高级技能人才队伍的现状、问题与建议[J].中国核工业,2003.5.
[15] 郑超英.标准化与核工业[J].核标准化历程,2005,(1)2－7.